Inhalt

100% übersichtlich

Erleben Sie 100% Prag auf sechs Spaziergängen. Jedes Kapitel im 100%-Cityguide ist einem Spaziergang gewidmet. Am Kapitelende finden Sie eine Karte mit der Kurzbeschreibung des Spaziergangs. Auf der Karte in der vorderen Umschlagklappe sehen Sie die sechs Kartenausschnitte im Überblick. Dort finden Sie anhand der Buchstaben Ⓐ – Ⓨ alle Hotels sowie die Sehenswürdigkeiten und Ausgehtipps, die nicht auf einem der Spaziergänge liegen.

In den sechs Kapiteln beschreiben wir ausführlich, welche Sehenswürdigkeiten Sie auf den Spaziergängen entdecken können und wo man gut essen, trinken, shoppen, feiern und relaxen kann. Alle Adressen sind mit einer Nummer ① gekennzeichnet, die Sie im Stadtteilplan am Ende des Kapitels wiederfinden. An der Farbgebung der Nummer können Sie erkennen, zu welcher Kategorie die jeweilige Adresse gehört:

Sehenswürdigkeiten	Shoppen
Essen & Trinken	100% there

SECHS SPAZIERGÄNGE

Zu jedem Kapitel gehört ein Spaziergang, der – ohne Besuch der genannten Adressen – ungefähr drei Stunden dauert. Die Länge der Strecke (in km) finden Sie über der Wegbeschreibung und auf den einzelnen Stadtteilplänen sehen Sie den genauen Verlauf der Route. Die Beschreibung neben dem Stadtplan führt Sie entlang der Sehenswürdigkeiten zu den schönsten Adressen. So entdecken Sie fast nebenbei die besten Shopping-Gelegenheiten, die nettesten Restaurants und die angesagtesten Cafés und Bars. Wer irgendwann keine Lust mehr hat, der Route zu folgen, kann aufgrund der Tipps und Pläne wunderbar auf eigene Faust Entdeckungen machen.

PREISANGABEN BEI HOTELS UND RESTAURANTS

Um Ihnen eine Vorstellung der Hotel- und Restaurantpreise zu geben, finden Sie bei den Anschriften stets auch die Preise in tschechischen Kronen. Der Wechselkurs für die tschechische Krone (Kč) schwankt, Sie können jedoch von ungefähr 1 € = 27 Kron (kč) ausgehen. Bei Hotels beziehen sich die Beträge

1 0 0 % P R A G

SPAZIERGANG 1: ALTSTADT
Schlendern Sie durch die romantischen Gassen der Prager Altstadt, bestaunen Sie die weltberühmte Astronomische Uhr, erleben Sie ein Konzert in einem historischen Konzertsaal und entdecken Sie, warum die "Goldene Stadt" UNESCO-Weltkulturerbe ist.

SPAZIERGANG 2: PRAGER BURG & HRADČANY
Die Prager Burg ist eines der größten geschlossenen Burgareale der Welt. Sie liegt auf einem Hügel und ist dank der Türme des Veitsdoms schon von Weitem zu sehen. Nach einer Besichtigung können Sie sich in den Gärten unterhalb der Burg herrlich erholen.

SPAZIERGANG 3: KARLSBRÜCKE & MALÁ STRANA
Überqueren Sie die berühmte Karlsbrücke, schlendern Sie durch Malá Strana und besuchen Sie die Insel Kampa mit ihren vielen Restaurants. Um der Hektik der Stadt zu entfliehen, steigen Sie einfach den Petřin-Hügel hinauf und sehen Sie dort, warum Prag auch die "Stadt der hundert Türme" genannt wird.

SPAZIERGANG 4: JÜDISCHES VIERTEL
Versteckt zwischen schicken Geschäften und Restaurants, liegen die Überreste des ehemaligen jüdischen Ghettos. Im Jüdischen Museum erfahren Sie alles über die Geschichte der Juden in Tschechien. Hier können Sie auch den Jüdischen Friedhof besichtigen. Beeindruckend!

SPAZIERGANG 5: NEUSTADT
Die Neustadt ist ein Viertel voller Leben. Nicht nur wegen der vielen Geschäfte, Theater, Kinos und Restaurants, sondern auch, weil hier richtig gelebt und ausgegangen wird. Ein Blick nach oben auf die prächtigen Fassaden im neo-gotischen Stil und Jugendstil lohnt sich.

SPAZIERGANG 6: VYŠEHRAD & VINOHRADY
Die Legende besagt, dass Prag in Vyšehrad gegründet wurde und Prinzessin Libuše der Stadt im 7. Jahrhundert eine große Zukunft vorhersagte. Die meisten Touristen schaffen es nicht bis nach Vyšehrad. Das ist schade, denn Vyšehrad liegt wunderschön auf einem Felsen über der Moldau.

1 0 0 % P R A G

In Prag gibt es so viel zu sehen und zu erleben – doch wo fängt man am besten an? Sicher wollen Sie einen Spaziergang über die Karlsbrücke und entlang der Moldau unternehmen oder die berühmte astronomische Uhr besichtigen. Aber es gibt noch so viel mehr zu entdecken: Gehen Sie zum Beispiel im schicken Ungelt shoppen, erleben Sie das jüdische Viertel, trinken Sie ein tschechisches Bier in einem der vielen Cafés und besuchen Sie abends eine Theateraufführung. 100% Prag zeigt Ihnen ganz genau, was Sie auf keinen Fall verpassen sollten. Sightseeing & Shopping, Ausgehen & Abenteuer – die übersichtlichen Stadtpläne weisen Ihnen den Weg.

AUF 6 SPAZIERGÄNGEN 100% PRAG ERLEBEN.

(sofern nicht anders angegeben) auf den Preis für ein Doppelzimmer pro Nacht einschließlich Frühstück. Bei den Restaurants wird jeweils der Durchschnittspreis für ein Hauptgericht genannt.

TSCHECHISCHE (ESS-)GEWOHNHEITEN

In Prag gibt es inzwischen viele Restaurants. Gab es früher vor allem traditionelle Bierstuben, so sind in den letzten Jahren viele internationale Restaurants, Cocktailbars und schicke Cafés dazugekommen. Die Mahlzeiten sind, im europäischen Vergleich, sehr preisgünstig. In einer Bierstube kostet ein Hauptgericht zum Beispiel umgerechnet nur fünf Euro. In diesen günstigeren Restaurants ist es üblich, sich am Tisch mit anderen Gästen zusammensetzen, wenn noch Plätze frei sind. In Tschechien räumen die Kellner die Teller sofort ab, denn es gilt als unhöflich, einen leeren Teller oder ein leeres Glas stehen zu lassen.
Das tschechische Nationalgericht ist gebratenes Schweinefleisch mit Sauerkraut und Klößen. Auch Gulasch findet man oft auf der Karte. Die Hauptmahlzeit des Tages essen die Tschechen um ungefähr 12.00 Uhr, und die meisten Restaurants bieten unter der Woche ein Mittagsmenü an. Dieses besteht normalerweise aus einer Suppe, gefolgt von Fleisch mit Klößen, Kartoffeln oder Reis. Das Frühstück und das Abendessen fallen in Tschechien eher klein aus. Zu jeder Mahlzeit in Tschechien gehört ein Bier *(pivo)*. Die Tschechen trinken dann auch weltweit das meiste Bier: durchschnittlich 160 Liter pro Kopf und Jahr. Wenn Sie ein Bier bestellen, bekommen Sie automatisch einen halben Liter, sagen Sie dem Kellner also vorher, wenn Sie ein kleineres Glas haben möchten. Kleine Bierlokale erkennen Sie am Wort *pivnice*, Pubs sind mit dem Wort *hospoda* gekennzeichnet und Weinkeller mit *vinárna*. In Tschechien ist es üblich, ein Trinkgeld von 5 bis 10 % zu geben. Man schlägt das Trinkgeld direkt auf die Rechnung drauf, anstatt es auf den Tisch zu legen.

HAUSNUMMERN

Viele Prager Adressen haben doppelte Hausnummern, z. B. Karmelitská 2/4 und an den meisten Gebäuden der Stadt hängen zwei Hausnummernschilder. Die erste Zahl in der Adresse steht auf dem roten Schild und ist die Grundbuchnummer des Hauses. Diese Schilder hängen in der Reihenfolge, in der die Häuser erbaut wurden. Das Haus, das als Erstes erbaut wurde, erhielt folglich die Nummer 1, das zweite die Nummer 2 und so weiter. Irgendwann wurde es schwierig, Häuser in einer Straße zu finden. Die Lösung waren fortlaufende Orientierungsnummern, die als zweite Zahl auf einem blauen Schild stehen. Wir verwenden in diesem Reiseführer die Nummern auf den blauen Schildern.

ROSSMANN

NATIONALE FEIERTAGE

Neben Weihnachten, Ostern und Neujahr gibt es in Tschechien die folgenden Feiertage:

1. Mai	Tag der Arbeit
8. Mai	Befreiungstag (1945)
5. Jul	Tag der slawischen Glaubensboten Kyrill und Method
6. Juli	Jan-Hus-Tag
28. September	Tag der tschechischen Staatlichkeit/Todestag des hl. Wenzel
28. Oktober	Nationalfeiertag/Tag der Staatsgründung
17. November	Erinnerungstag an den Fall des Kommunismus
24. Dezember	Heiligabend

Die meisten Sehenswürdigkeiten und Restaurants sind während dieser Feiertage ganz normal geöffnet, außer an den Weihnachtstagen. Der wichtigste Weihnachtstag ist der 24. Dezember. Die meisten Sehenswürdigkeiten und Restaurants schließen dann schon um 16:00 Uhr, damit jeder rechtzeitig zum Weihnachtsessen mit Karpfen und Kartoffelsalat zu Hause ist. Am 1. und 2. Weihnachtstag sind die meisten Sehenswürdigkeiten und Restaurants in Prag wieder geöffnet.

HABEN SIE NOCH TIPPS?

Wir haben diesen Reiseführer mit großer Sorgfalt zusammengestellt. Da das Angebot an Geschäften und Restaurants in Prag jedoch regelmäßig wechselt, kann es sein, dass eine Empfehlung nicht mehr existiert. Besuchen Sie in diesem Fall oder wenn Sie andere Anmerkungen oder Fragen zu diesem 100% Cityguide haben, unsere Webseite *www.100travel.de/prag* oder schreiben Sie uns an *info@momedia.com*. Wir freuen uns über Ihre Hinweise, neue Tipps und natürlich auch Fotos. Posten Sie diese gerne auf unserer facebook fanpage: *facebook.com/100travel*.

Last but not least möchten wir noch bemerken, dass keine der vorgestellten Adressen für ihre Erwähnung bezahlt hat, weder für den Text noch für die Fotos. Alle Texte wurden von einer unabhängigen Redaktion geschrieben.

Hotels

Romantische Hotels, große internationale Hotelketten, Pensionen oder eine kleine Mietwohnung – in Prag haben Sie die Wahl. Der Durchschnittspreis für ein Hotelzimmer liegt bei rund 1500 Kronen. Wer jedoch eine Unterkunft etwas außerhalb des Zentrums wählt, bezahlt gleich viel weniger. Die Preise sind natürlich auch saisonabhängig: Von April bis Juni und im September und Oktober ist in Prag Hochsaison. Auch Weihnachten und Neujahr zählen zur Hochsaison. Juli und August gelten als mittlere Saison und der Rest des Jahres als Nebensaison. Wir empfehlen Ihnen, sich verschiedene Webseiten anzusehen, um eine Unterkunft zu finden, die genau Ihren Wünschen und Ihrem Budget entspricht. Die folgenden Webseiten bieten eine gute Übersicht: *www.hotel.cz, www.praguewelcome.cz/de.*

Die folgenden Hotels sind unsere Lieblingshotels. Einige sind besonders gut gelegen, andere sehr schön eingerichtet und wieder andere preisgünstig. Die Buchstaben-Kennzeichnung der Hotels finden Sie vorne in der Übersichtskarte des 100%-Cityguides.

GÜNSTIGE PREISKLASSE

Ⓐ Die Zimmer des **Czech Inn** hat Architektin Olga Novotná eingerichtet – mit klaren Formen, viel Beton, Holz und Stahl. Alle Badezimmer verfügen über eine Regendusche. Es gibt neben den Hotelzimmern auch noch Appartements und Schlafsäle. Unten in der gemütlichen Bar bekommt man Cocktails und leichte Mahlzeiten. Ein perfekter Mix aus Hostel-Atmosphäre und Hotel-Luxus. *francouzská 76, www.czech-inn.cz, telefon: 2 67267600, preis: zimmer ab 1500 kč, appartement ab 1900 kč, u-bahn: i.p. pavlova, straßenbahn: 4, 22 krymska*

Ⓑ In der Neustadt, in Fußnähe zum Wenzelsplatz, liegt das Boutique-Hotel **The ICON Hotel & Lounge**. Die geräumigen Zimmer sind modern und minimalistisch eingerichtet, mit iPod-Station, biometrischem Safe, DVD-Spieler und moderner Kunst an den Wänden. Sie mögen morgens Ihr kuschliges Hästens-Bett nicht verlassen? Kein Problem, Frühstück gibt's den ganzen Tag. *v jámě 6, www.iconhotel.eu, telefon: 2 21634100, preis: ab 1700 kč, u-bahn: mustek*

FUSION HOTEL PRAGUE ⓒ

ⓒ An der Grenze zwischen Alt- und Neustadt liegt das **Fusion Hotel Prag**. Die hellen Zimmer wurden von jungen tschechischen Designern gestaltet. Neben normalen Zimmern finden Sie hier auch Themenräume, wie die Vintage-Zimmer, den Xtensive Room mit 6-Personen-Bett oder Familienzimmer mit Ehe- und Etagenbett. Genießen Sie nach einem schönen Tag in Prag ein Getränk an der sich drehenden 360°-Bar in der Art-Deco-Lounge des Hotels.
panska 9, www.fusionhotels.com, telefon: 2 26222888, preis: ab 1800 kč, u-bahn: můstek

Ⓔ **BOUTIQUE-HOTEL DOMUS HENRICI**

MITTLERE PREISKLASSE

Ⓓ Die **Pension Museum** ist sehr zentral gelegen, ganz in der Nähe des Wenzelsplatzes. Alle Zimmer haben ein eigenes Bad, Fernseher, Kühlschrank und einen Blick auf den ruhigen Innenhof. Die Zimmer bestechen durch ein helles und modernes Design.
mezibranská 15, www.pension-museum.cz, telefon: 2 96325186, preis: ab 1800 kč, u-bahn: muzeum

Ⓔ Das Boutique-Hotel **Domus Henrici** liegt an einem herrlichen, ruhigen Ort in Hradčany, gleich beim Eingang zur Burg. Die acht klassisch eingerichteten Zimmer bieten allen Komfort. Das Hotel hat zwei Terrassen mit atemberaubendem Blick auf die Burg, das Loreto-Heiligtum und den Petřin-Hügel.
loretanska 11, www.domus-henrici.cz, telefon: 2 20511369, preis: ab 1800 kč, u-bahn: hradčanská, straßenbahn: 5,8,18, 20, 25, 26 hradčanská

Ⓕ Das **Sax Vintage Design Hotel** in Malá Strana ist mit Designerstücken aus den 50er-, 60er- und 70er-Jahren eingerichtet. Aber hinter dem Retro-Ambiente verbirgt sich ein hypermodernes Hotel. Alle Zimmer haben Klimaanlage, Wi-Fi, Laptop und DVD-Spieler (es gibt eine hoteleigene Videothek mit über 5000 DVDs). Die Gäste können jeden Tag den kostenlosen Five o'Clock Tea mit Kaffee, Tee und Gebäck genießen. Zudem besitzt das Hotel ein Spa mit verschiedenen Saunen und einem Jacuzzi.
jánský vršek 3, www.hotelsax.cz, telefon: 2 57534101, preis: ab 1800 kč, u-bahn: malostranská, straßenbahn: 12, 20, 22 malostranské náměstí

Ⓖ Das **Hotel Leonardo** liegt mitten in der Altstadt. Schöne Dielen, antike Möbel, Badezimmer aus Marmor und ein traumhafter Innenhof machen einen Aufenthalt im Hotel Leonardo besonders angenehm. Das Hotel ist nur ein paar Häuserblöcke vom Fluss entfernt – ideal, um abends noch zu einem romantischen Spaziergang aufzubrechen.
karoliny světlé 27, www.hotelleonardo.cz, telefon: 2 39009239, preis: ab 2000 kč, u-bahn: staroměstská, straßenbahn: 17 karlovy lázně

GEHOBENE PREISKLASSE

(H) Im klassisch luxuriösen Interieur des Hotels **Kings Court** fühlt man sich tatsächlich königlich. Die Zimmer sind modern in Rot-, Braun- und Goldtönen eingerichtet. Natürlich hat das Hotel auch einen Fitnessraum und ein Spa mit Schwimmbad, Jacuzzi, Dampfbad und Sauna. Am üppigen Frühstücksbuffet steht ein Koch bereit, der Ihnen das perfekte Spiegelei brutzelt; Orangensaft können Sie sich selbst pressen. Dazu noch ein Schaumweinchen!
u obecního domu 3, www.hotelkingscourt.cz, telefon: 2 24222888, preis: ab 2500 kč, u-bahn: náměstí republiky

(I) Wenn Sie es gerne stylish und modern mögen, dann fühlen Sie sich im **Hotel Josef** ganz sicher wohl. Alle Zimmer hat die tschechische Designerin Eva Jiricna entworfen, die schon in London, Paris und New York mit großen Projekten aufwarten konnte. Die Zimmer sind sehr schick eingerichtet: besonders die Badezimmer mit der Trennwand aus Glas sind ein echter Blickfang! Das Hotel liegt sehr zentral und bis zum Alten Stadtplatz braucht man nur 5 Minuten.
rybná 20, www.hoteljosef.com, telefon: 2 21700111, preis: ab 2750 kč, u-bahn: náměstí republiky

(J) In Prag gibt es nicht nur die Buddha-Bar, sondern auch das **Buddha-Bar Hotel**. Die Zimmer sind extrem luxuriös eingerichtet – mit weichen Betten, einem Luxus-Badezimmer mit buddhattitude-Badeprodukten und einem Fernseher im Spiegel. Abends wird Ihr Bett vorbereitet und Sie bekommen eine Praline und eine Orchidee auf Ihr Kopfkissen gelegt. Im Hotel gibt es einen Fitnessraum und ein Spa und Sie können sogar einen Masseur auf Ihr Zimmer bestellen. Luxus pur.
jakubská 8, www.buddhabarhotelprague.com, telefon: 2 21776300, preis: ab 5000 kč, u-bahn: náměstí republiky

GALERIE
MAEGHT
Miró

Unterwegs

Eine Fahrt vom **Václav Havel Flughafen** ins Zentrum (Náměstí Republiky) dauert ungefähr 40 Minuten. Am besten nehmen Sie hierfür ein **Taxi**. Am Flughafen gibt es einen Schalter, an dem man die Flughafentaxis bestellen kann. Es ist ratsam, den Preis im Voraus mit dem Fahrer zu besprechen. Sie können ihn aber auch am Informationsschalter des Flughafens berechnen lassen. So haben Sie einen Beleg, wenn Sie das Gefühl haben, zu viel zu zahlen. Eine Taxifahrt kostet ca. 28 Kronen pro Kilometer, der Fahrpreis zum Zentrum sollte darum nie höher als 600 Kronen sein. Wenn Sie ein Taxi innerhalb der Stadt nehmen wollen, gilt: immer vorher den Preis absprechen oder darauf achten, dass das Taxameter eingeschaltet ist, denn Sie können sehr wohl beschummelt werden. Zuverlässige Taxiunternehmen sind AAA Radio Taxi (Tel. 222 333 222), Airport Cars (Tel. 220 113 892) und/oder Halo Taxi (Tel. 244 114 411). Natürlich können Sie auch mit öffentlichen Verkehrsmitteln vom Flughafen in die Stadt fahren. Nehmen Sie dazu den Bus 119 bis zur U-Bahn-Station Dejvická und fahren Sie dann mit der U-Bahnlinie A ins Zentrum oder nehmen Sie den **Bus** 100 bis Zličín und fahren Sie von dort aus mit der U-Bahnlinie B ins Zentrum. Der Bus AE, Airport Express, bringt Sie direkt zur Bahnstation Hlavní Nádraží.

Die **U-Bahn** ist das wichtigste öffentliche Verkehrsmittel in Prag. Sie fährt von 5.00 Uhr morgens bis Mitternacht. Es gibt drei Linien: die grüne A-Linie, die gelbe B-Linie und die rote C-Linie.

In Malá Strana gibt es keine U-Bahn-Station, dafür aber **Straßenbahnen**. Die Straßenbahnen fahren alle 10 bis 20 Minuten, und auch nachts gibt es einige Nacht-Straßenbahnen. Um ein Außenviertel zu besuchen, ist der Bus am praktischsten.

Fahrkarten für die U- und Straßenbahn bekommen Sie in der Ankunftshalle des Flughafens, an Automaten in den U-Bahn-Stationen, an den größeren Straßenbahnhaltestellen, in Zeitschriftenläden, bei Trafiky-Kiosken oder in Hotels. Sie müssen die Fahrkarte vor der Fahrt an einem der gelben Automaten entwerten (nicht vergessen!). Die Gültigkeitsdauer variiert je nach Karte. Es gibt Karten zu 24 Kronen (30 Min. gültig) und Karten zu 32 Kronen (90 Min. gültig). Mit letzterer dürfen Sie auch umsteigen.

Zusätzlich gibt es 24-Stunden-Karten zu 110 Kronen, 3-Tages-Karten zu 330 Kronen und 5-Tages-Karten zu 500 Kronen. Achten Sie darauf, dass Sie für Gepäckstücke, die größer als 25 x 45 x 70 cm sind, ein Zusatzticket zum Preis von 16 Kronen kaufen müssen.

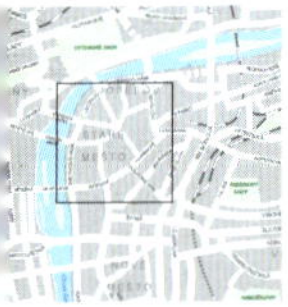

Altstadt

Mittelalterlicher Glanz in der "Goldenen Stadt"

Das ganze Zentrum der "Goldenen Stadt" Prag wurden von der UNESCO zum Weltkulturerbe ernannt. Vollkommen zu Recht. Denn die Altstadt (Staré Město) ist seit dem 10. Jahrhundert das Zentrum Prags und hat sich seitdem zu einem der größten historischen Stadtkerne Europas entwickelt. Das Stadtbild mit all seinen monumentalen Gebäuden, Kirchen und Türmen ist geschützt und deshalb dürfen hier keine neuen Gebäude gebaut werden, die höher als 70 m sind.

Östlich des Flusses Vltava, besser bekannt als die Moldau, liegt die Altstadt – ein Labyrinth aus verwinkelten Gassen rund um den Alten Stadtplatz. Dieser Platz, das Zentrum der Altstadt, war bis zum Beginn des 20. Jahrhunderts der wichtigste Marktplatz Prags. Heute ist er vor allem wegen seiner Astronomischen Uhr aus dem Jahr 1410 sehr beliebt. Zu jeder vollen Stunde versammeln sich hier Touristenscharen: Dann öffnet sich eine kleine Tür in der Uhr, und nacheinander kommen die zwölf Apostelfiguren zum Vorschein.

1

In der gesamten Altstadt gibt es kleine Geschäfte, die typisch tschechische Souvenirs verkaufen, zum Beispiel Kristall-, Steingut- und Bernstein-Handwerk sowie Malereien und Holzspielzeug. Obwohl viele Laden die immer gleichen Souvenirs anbieten, kann man mit etwas Glück eine Rarität finden. In der Einkaufsstraße Na Příkopě sind die internationalen Modehäuser vertreten; Cafés, Weinbars und Bierlokale dagegen sind über die ganze Altstadt verteilt. So kann man einen aufregenden Tag in Prag wunderbar bei einem echten tschechischen Bier beenden.

Ideal für eine Pause: Wer durch die mittelalterlichen Gassen schlendert, bekommt oftmals Broschüren in die Hand gedruckt, in denen Kirchenkonzerte angekündigt werden, die noch am selben Tag stattfinden. Ebenfalls ein Tipp für Klassik-Freunde ist die prunkvolle Smetana Hal im Obecní Dům – eine traumhafte Kulisse für Konzerte. Theater- und Opernliebhaber kommen bei einer Vorstellung im Stavovské Divadlo, Prags ältestem Theater, auf ihre Kosten.

6 Insider-Tipps

Astronomische Uhr

Die Apostelparade am Alten Rathaus bestaunen.

Futurista Universum

Ein tschechisches Designerstück kaufen.

Obecní Dům

Kunstvolle Jugendstilarchitektur bewundern.

Museum des Kommunismus

Einen Blick hinter den Eisernen Vorhang werfen.

Havelská Tržnice

Sich auf dem Markt treiben lassen.

Le Terroir

In einem unterirdischen Restaurant zu Abend essen.

- **Sehenswürdigkeiten**
- **Shoppen**
- **Essen & Trinken**
- **100% there**

Sehenswürdigkeiten

① Das Gemeindehaus **Obecní Dům** ist ein Vorzeigestück der Jugendstilarchitektur – von der Inneneinrichtung bis hin zur mosaikverzierten Fassade. Erbaut wurde es zwischen 1905 und 1911 unter Einbeziehung aller wichtigen Künstler der Region. Im Zimmer des Bürgermeisters kann man die schönen Wandmalereien von Alfons Mucha bewundern, im stilvollen Café **Kavárna Obecní Dům** verzaubert tschechisches Art nouveau. Im oberen Stockwerk befindet sich der **Smetana-Saal**, Prags größte Konzerthalle.
náměstí republiky 5, www.obecni-dum.cz, telefon: 2 22002101, geöffnet: täglich 7.30-23.00, führungen durch das bürgermeisterzimmer und weitere säle zu verschiedenen zeiten, karten erhältlich beim kultur- und informationszentrum im obecní dům, täglich 10.00-20.00, eintritt: 290 kč, u-bahn: náměstí republiky

② Der **Pulverturm** (Prašná Brána) wurde 1475 als prunkvolles Stadttor errichtet. Als König Vladislav II acht Jahre später aus der Stadt fliehen musste, wurde der Bau zunächst unterbrochen. Erst 1875 wurden die Bauarbeiten fortgesetzt, und der Turm erhielt seinen neugotischen Stil. Im 17. Jahrhundert lagerte man hier Schießpulver, daher auch der Name. Über eine schmale, dunkle Wendeltreppe kann man den Turm besteigen und wird mit einer tollen Aussicht belohnt. Im Turm selber befindet sich eine Ausstellung über das Alltagsleben im mittelalterlichen Prag.
na příkopě, www.muzeumprahy.cz/prazske-veze, telefon: 7 25847875, geöffnet: täglich, nov.-feb. 10.00-18.00, apr.-sept. 10.00-22.00, okt. & märz 10.00-20.00, eintritt: 70 kč, u-bahn: náměstí republiky

⑧ Die Turmspitzen der **Tyn-Kirche** (Kostel Panny Marie Před Týnem) sind die Wahrzeichen der Altstadt. Der Bau der Kirche begann 1365 und wurde von den Bürgern selbst finanziert. Wenn Sie die Kirche besuchen, sollten Sie auf die faszinierende Innengestaltung achten. Gotischer Stil, Renaissance- und Barockstil sind hier bunt gemischt.
týnská, štupartská, telefon: 2 22318186, geöffnet: besichtigungen di-sa 10.00-13.00 und 15.00-17.00, eintritt: freiwilliger beitrag, u-bahn: staroměstská

(10) **Celetná**, die Fußgängerzone zwischen dem Pulverturm und dem Alten Marktplatz, bildet den ersten Teil des sogenannten Königsweges. Diese Strecke mussten die neuen Könige am Tage ihrer Krönung abschreiten. Der Königsweg führt vom Pulverturm über die Prager Burg zum Veitsdom. Die Celetná wirkt mit all ihren Souvenirläden auf den ersten Blick wie eine typische Touristenmeile, aber bleiben Sie mal kurz stehen und schauen Sie nach oben: Dort sehen Sie wunderschöne barocke und gotische Fassaden, die 1987 liebevoll restauriert wurden.
celetná, u-bahn: náměstí republiky

(12) Wo die Celetná und die Ovocný trh aufeinandertreffen, befindet sich eines der ersten kubistischen Gebäude Prags. Das **Haus bei der Schwarzen Madonna** (Dům U černé Matky Boží) mit der Hausnummer 34 wurde 1912 als Kaufhaus mit einem kubistischen Café im ersten Stock errichtet. Das Grand Café Orient ist noch immer im Originalstil erhalten. Im Erdgeschoss befindet sich die Galerie Kubista mit kubistischen Möbeln und Gebrauchsgegenständen, Repliken von kubistischem Tafelgeschirr und modernem tschechischem Design.
ovocný trh 19, czgalerie www.kubista.cz, café www.grandcafeorient.cz, telefon: 2 24211746, geöffnet: galerie di-so 10.00-18.30, café mo-fr 9.00-22.00, sa-so 10.00-22.00, u-bahn: náměstí republiky

(14) Zwischen all den großen Modehäusern in der Na Příkopě versteckt sich das **Museum des Kommunismus**. Das Museum gibt einen guten, manchmal auch schockierenden Einblick in das Leben unter dem kommunistischen Regime. Vor allem das nachgestellte Verhörzimmer und der Film am Ende der Ausstellung sind schaurig-beeindruckend.
na příkopě 10, www.museumofcommunism.com, telefon: 2 24212966, geöffnet: täglich 9.00-21.00, eintritt: 190 kč, u-bahn: můstek

(24) Die **Astronomische Uhr** ist eine absolute Touristenattraktion. Sie befindet sich im Giebel des Alten Rathauses auf dem Alten Stadtplatz und ist dank der vielen Touristen, die die Uhr bestaunen, einfach zu finden. Zu jeder vollen Stunde beginnt das Spektakel von Neuem: Ein kleines hölzernes Heiligenbild erscheint nach dem anderen – die zwölf Apostel! Die Legende besagt, dass dem Handwerker Hanůs, der als Letzter an der Uhr arbeitete, das Augenlicht genommen wurde, damit er keine Kopie der Uhr anfertigen konnte.
staroměstské náměstí, u-bahn: staroměstská, můstek

PULVERTURM ②

㉕ ALTES RATHAUS

(25) Das **Alte Rathaus** (Staroměstská Radnice) besteht aus mehreren, miteinander verbundenen Häusern verschiedener Baustile. Jedes Mal, wenn der Stadtrat wieder Geld hatte, wurde ein Nachbarhaus gekauft und dem Rathaus hinzugefügt. Am besten nehmen Sie an einer Führung teil, die Sie erst durch die unterirdischen Fundamente, dann durch verschiedene Säle bis zur Kapelle bringt, in der Sie die Rückseite der Astronomischen Uhr sehen können. Vom Rathausturm haben Sie einen fantastischen Blick über den Alten Stadtplatz sowie die Gassen und Dächer der Altstadt.
staroměstské náměstí 1, www.staromestskaradnicepraha.cz, telefon: 2 36002629, geöffnet: rathaus mo 11.00-18.00, di-so 9.00-18.00, turm mo 11.00-22.00, di-so 9.00-22.00, eintritt: rathaus 100 kč, turm 100 kč, rathaus & turm 160 kč, u-bahn: staroměstská

(27) Das ehemalige Jesuitenkloster, das **Clementinum**, ist einer der größten Gebäudekomplexe Europas. Es besteht unter anderem aus fünf Innenhöfen, zwei Kirchen, einem astronomischen Turm und der tschechischen Nationalbibliothek. Tipp: Die Führungen umfassen den Astromischen Turm sowie die Spiegelkapelle (Zrcadlová Kaple) und die Bibliothek.
křižovnická 190, karlova 1 & maríanské náměstí 5, www.klementinum.com, telefon: 2 22220879, geöffnet: täglich 10.00-18.00, führungen täglich jan.-märz & nov.-dez. 10.00-16.00, apr.-okt. 10.00-17.00, eintritt: 220 kč, u-bahn: staroměstská

(29) 1391 wurde den Prager Reformisten erlaubt, eine Kirche zu bauen, in der der Gottesdienst auch auf Tschechisch abgehalten werden durfte und nicht nur – wie bisher — in Lateinisch. Der Name dieser innovativen Kirche: **Bethlehemkapelle** (Betlémská Kaple). Von 1402 bis 1412 predigte hier Jan Hus. Nach einem Brand ließen die Jesuiten die Kirche 1786 abreißen; wiederaufgebaut wurde sie erst im Jahr 1952 – nach einer originalgetreuen Kopie der alten Bethlehemkapelle.
betlémské náměstí 3, telefon: 2 24248595, geöffnet: täglich apr.-okt. 10.00-18.30, nov.-märz 10.00-17.30, eintritt: 60 kč, u-bahn: národní třida

Essen & Trinken

(5) 'f you like fish, you won't be able to resist', schrieb die *New York Times* über das **Rybí trh**. Und da wird sicher niemand widersprechen, denn das Rybí trh ist eines der besten Fischrestaurants in Prag. Probieren Sie zum Beispiel tschechischen Zander mit Pfifferlingen. Herrlich!
týnský dvůr 5, www.rybitrh.cz, telefon: 2 24895447, geöffnet: täglich: 11.00-23.00, preis: 700 kč, u-bahn: náměstí republiky

(15) Es überrascht Sie vielleicht, aber die vietnamesische Küche ist äußerst beliebt in Prag. Im minimalistischen Interieur des **NEB.O** genießen Sie leichte vietnamesische Suppen, Nudeln und Salate mit frischen Kräutern.
perlová 10, www.neborestaurace.cz, telefon: 2 24248678, geöffnet: täglich 11.00-0.00, preis: 175 kč, u-bahn: můstek

(18) Der Name **Propaganda** lässt es schon erahnen: An den Wänden hängen alte Propagandaposter aus kommunistischen Zeiten. Bilder von Lenin dürfen natürlich nicht fehlen. Nehmen Sie sich die Zeit, suchen Sie einen Tisch in einem der sieben Keller und betrachten Sie ausgiebig die einzigartigen Sammlerstücke des Gründers vom Museum of Communism.
michalská 12, telefon: 2 42480728, geöffnet: täglich 17.00-2.00, preis: 200 kč, u-bahn: můstek, staroměstská

(19) Ganz wie in einem altmodischen Wohnzimmer fühlt man sich bei **U Modré Kachničky II**: Teppiche an den Wänden, antike Möbel, bestickte Gardinen und dekorative Trennwände sind eine authentische Kulisse für traditionelle tschechische Gerichte und Wildspezialitäten.
michalská 16, www.umodrekachnicky.cz, telefon: 2 24213418, geöffnet: täglich 11.30-23.30, preis: 500 kč, u-bahn: můstek, staroměstská

(22) Bei **Country Life** können Sie sich Ihren Teller bis zum Rand mit vegetarischem Essen füllen, das dann an der Kasse abgewogen wird. Quelle des Vegetarierglücks: der angrenzende Bioladen, einer der bekanntesten in Prag.
melantrichova 15, www.countrylife.cz, telefon: 2 24213366, geöffnet: mo-do 10.30-19.30, fr febr.-märz 10.30-16.30, apr.-aug. 10.30-18.00, sept.-okt. 10.30-17.00, nov.-jan. 10.30-15.30, so 12.00-18.00, preis: 150 kč, u-bahn: můstek, staroměstská

U MODRÉ KACHNIČKY II ⑲

㉖ Liebhaber der brasilianischen Küche (und damit alle Fleischfans) gehen am besten ins **Brasileiro**. Hier kann man unbegrenzt gegrilltes Fleisch, aber auch Fisch essen. Auf dem Tisch liegt eine Karte mit einer roten und einer grünen Seite. Wenn Sie die grüne Seite nach oben legen, bekommen Sie einen Nachschlag. Wenn Sie genug haben, dann legen Sie einfach die rote Seite nach oben. Essen, bis einem der Magen schmerzt!
u radnice 8, brasileiro-uradnice.ambi.cz, telefon: 2 24234474, geöffnet: täglich 11.00-0.00, preis: lunch 495 kč, abendessen 665 kč, u-bahn: staroměstská

(28) Das **Le Terroir** besteht aus einem versteckten Innenhof, einer zum Teil einsehbaren Küche, einem Weinkeller und einer Käsekammer – Letztere finden Sie, wenn Sie hinunter in die "Höhle" laufen. Wegen der romantischen Atmosphäre eignet sich das Le Terroir hervorragend für ein Abendessen zu zweit.
vejvodova 1 (eingang bei jilská), www.leterroir.cz, telefon: 2 22220260, geöffnet: di-sa 11.00-23.00, sommerterrasse bis 22.00, preis: vier-gänge-menü 1650 kč, sechs-gänge-menü 1890 kč, u-bahn: můstek

(30) Über einen der Innenhöfe der Bethlehemkapelle erreichen Sie das unterirdische Restaurant **Klub Architektů**. Hier gibt es herzhafte Suppen, original tschechische Gerichte und eine große Auswahl an vegetarischen Mahlzeiten. Es empfiehlt sich, vorab einen Tisch zu reservieren.
betlémské náměstí 5a, www.klubarchitektu.com, telefon: 6 02250082, geöffnet: täglich 11.30-0.00, preis: 250 kč, u-bahn: národní třida

(32) Sie lieben Schokolade? Dann sind Sie bei **Choco Café U cervene zidle** genau richtig. Hier gibt es über zwanzig verschiedene Sorten Kakao: dickflüssigen Kakao, der aus dunkler oder weißer Schokolade hergestellt wird, mit Pfeffer, Nüssen, Seesalz, Kokosnuss oder Rum kombiniert, und Kakao mit Birnenstückchen und Amaretto. Dazu noch ein Stück Schokoladentorte!
liliová 4, www.choco-cafe.cz, telefon: 2 22222519, geöffnet: mo-sa 10.00-21.00, so 10.00-20.00, preis: 80 kč, u-bahn: národní třida

(33) Hinter den schönen, stilisierten Fensterläden des **RED Pif** verbirgt sich ein modernes Weinrestaurant mit "natürlichen Weinen", also Weinen, die mit möglichst wenig äußeren Eingriffen und ohne Chemikalien erzeugt wurden. Sie passen ideal zu den täglich wechselnden saisonalen Gerichten auf der Karte.
u dobřenských 1, www.redpif.cz, telefon: 2 22232086, geöffnet: mo-sa 11.00-23.00, preis: 480 kč, u-bahn: národní třida

(34) Die **Karoliný světlé** ist eine der ältesten Gassen Prags. In den historischen Geschäftsgebäuden befinden sich heute hauptsächlich kleine Cafés und Restaurants. Tipp: Gönnen Sie sich ein leckeres tschechisches Bier in einer der vielen urgemütlichen Kneipen. Oder wie wär's mit dem gemütlichen Café Duende, dem künstlerischen Art-Café u Irmy, dem Studentencafé Café-Pub Atmosphere, oder der Cocktailbar Hemingway?
karoliny světlé, straßenbahn: 17, 18, 53, karlovy lázně

CHOCO CAFÉ U CERVENE ZIDLE (32)

(35) Das **Lehká Hlava** ist das beliebteste vegetarische Restaurant in ganz Prag. Die farbenfrohen Räume sind alle unterschiedlich eingerichtet. Genießen Sie gegrillten Ziegenkäse mit Cranberrys und Walnüssen oder Auberginen-Quesadilla mit Guacamole. Um sich von einem erlebnisreichen Tag in Prag zu erholen, trinken Sie am besten einen stärkenden Guarana-Cocktail. Das Restaurant ist immer voll, vergessen Sie daher nicht, rechtzeitig einen Tisch zu reservieren.
boršov 2, www.lehkahlava.cz, telefon: 2 22220665, geöffnet: mo-fr 11.30-23.30, sa-so 12.00-23.30, preis: 175 kč, straßenbahn: 17, 18, 53, karlovy lázně

Shoppen

③ Der **Artěl Design Shop** gehört der amerikanischen Designerin Karen Feldman. Sie kam 1994 nach Tschechien, um für einen Shampoohersteller zu arbeiten. Doch schnell entdeckte sie ihre Liebe zu altem böhmischem Glas aus dem frühen 19. Jahrhundert. Aus der Liebe wurde Berufung: Karen entwirft nun handgeblasene und handgravierte Kristallgläser, Vasen und Schalen- alles wundervolle Designerstücke, die international bekannt sind. Erwähnt wurden ihre Gläser unter anderem in der Elle Decoration, *The New York Times* und der *Vanity Fair.*
celetná 29, www.artelglass.com, telefon: 2 24815085, geöffnet: täglich 10.00-19.00, u-bahn: náměstí republiky

⑥ Bei **Dr. Stuart's Botanicus** kann man ewig in den selbst gemachten Bodylotions, Kräutern, Seifen, Ölen, Essigen und Sirups stöbern und genussvoll daran riechen. Alle Produkte werden aus ökologisch angebauten Pflanzen eines Bauernhofes hergestellt, der in der Nähe Prags liegt. Soll man sich selbst verwöhnen oder anderen was mitbringen? Am besten beides!
týnský dvůr 3, www.botanicus.cz, telefon: 2 34767446, geöffnet: täglich 10.00-20.00, u-bahn: náměstí republiky

⑦ Die Marke **Material** ist hauptsächlich für Kristall-Kronleuchter in modernen Farben bekannt. Sie haben zu Hause keinen Platz dafür? Kein Problem. Hier werden auch wunderschöne Teelichthalter, Vasen, Weingläser sowie Glasperlen und Ketten verkauft.
týn 1, www.i-material.com, telefon: 6 08664766, geöffnet: täglich 10.30-20.00, u-bahn: náměstí republiky

⑨ Telefone, Porzellan, Gläser, Gemälde, Skulpturen, Halsketten, schicke Parfümzerstäuber und noch vieles mehr finden Sie im Trödelladen **Bric à Brac**. Hier gibt es alles aus der Art-nouveau- und Art-déco-Zeit. Bringen Sie viel Zeit mit, um sich umzuschauen. Und wer weiß, vielleicht lacht Sie ja eine echte Rarität an.
týnská 7, telefon: 2 22326484, geöffnet: täglich 11.00-18.00, u-bahn: staroměstská

DR. STUART'S BOTANICUS (6)

(11) Marionetten sind ein sehr beliebtes Souvenir aus Prag. Bei **Pohádka** gibt es die größte Marionetten- und Handpuppensammlung der Stadt. Neben traditionellen Märchenfiguren und tschechischen Kinderhelden finden Sie hier auch moderne Modelle, zum Beispiel Harry-Potter-Puppen.
celetná 32, www.czechtoys.cz, telefon: 2 24239469, geöffnet: täglich 9.00-20.00, u-bahn: náměstí republiky

(13) **Na Příkopě** ist die größte Einkaufsstraße Prags. Hier finden Sie Läden der großen Ketten wie Benetton, H&M, Zara, Mango, Lacoste, L'Occitane und verschiedene Einkaufspassagen.
na příkopě, u-bahn: můstek, náměstí republiky

(20) Wenn Sie das **Art Deco** betreten, werden Sie direkt in die 1920er-Jahre zurückversetzt. Das Geschäft verkauft Original-Hüte, Kostüme und dazu passenden Schmuck, aber auch antike Möbel. Nicht billig, aber dafür einzigartig.
michalská 21, www.artdecogalerie-mili.com, telefon: 2 24223076, geöffnet: mo-fr 14.00-19.00, u-bahn: můstek, staromestská

(21) Bei **Sanu Babu** gibt es schöne Buddhastatuen, Schmuck, Röcke und viele andere Produkte aus Nepal. Achten Sie bei den Buddhastatuen immer gut auf den Preis, denn manchmal steht eine Null mehr vor dem Komma, als man erwartet.
michalská 20, www.sanubabu.cz, telefon: 7 74751648, geöffnet: mo-sa 11.00-19.30, so 11.30-19.00, u-bahn: můstek, staromestská

(31) Modernes tschechisches Design finden Sie im **Futurista Universum**. Im Ausstellungsraum werden Möbel, Schmuckgegenstände sowie Glas und Keramik der besten tschechischen Designer verkauft.
betlémské náměstí 5a, www.futurista.cz, telefon: 7 25128660, geöffnet: täglich 11.00-20.00, u-bahn: národní třida

(36) **Kurator** ist ein Zwischending aus Laden und Galerie und bietet wechselnde Verkaufsausstellungen mit Kleidung und Accessoires von jungen, vielversprechenden tschechischen und internationalen Modedesignern. Hier bekommen Sie die Gelegenheit, überraschend bezahlbare Stücke von aufstrebenden Talenten zu kaufen.
karoliný světlé 17, www.kurator.cz, telefon: 7 37144667, geöffnet: mo-do 11.30-19.00, fr 12.00-19.00, sa 12.00-16.00, straßenbahn: 17, 18, 53, karlovy lázně

KURATOR 36

100% there

④ Das **Ungelt** ist ein schöner, historischer Handelsplatz, der auch unter dem Namen Týnhof bekannt ist. Den kleinen Platz betritt man über ein unauffälliges Tor an der Štupartská-Straße. Händler aus allen möglichen Ländern verkauften hier im 11. Jahrhundert ihre Waren. Die Steuern, die man auf diese Waren zahlen musste, hießen Ungelt – und schon hatte die Gegend ihren Namen weg.
týnský dvůr, u-bahn: náměstí republiky

⑯ Das **Stavovské Divadlo** ist das älteste Theater Prags. Das neoklassische Gebäude wurde 1783 entworfen. Vier Jahre später schon wurde darin Mozarts Oper *Don Giovanni* uraufgeführt; ein Wallfahrtsort für alle Mozart-Liebhaber. *Don Giovanni* wird noch immer regelmäßig aufgeführt, es gibt aber auch viele andere sehenswerte Theater-, Ballett- und Opernaufführungen.
ovocný trh 1, www.narodni-divadlo.cz, telefon: 2 24901448, geöffnet: buchungsbüro täglich 10.00-18.00, u-bahn můstek

⑰ Der Markt unter freiem Himmel in der Prager Altstadt heißt **Havelská Tržnice**. Hier kann man frisches Obst und Gemüse kaufen, aber auch Spielzeug, Souvenirs, Tücher und vieles mehr. Lassen Sie sich einfach treiben, kaufen Sie ein bisschen Obst für unterwegs oder ein Mitbringsel für Freunde.
havelská, geöffnet: mo-fr 7.30-18.00, sa-so 8.30-18.00, u-bahn: můstek, národní trída

㉓ Der **Alte Stadtplatz** (Staroměstské Náměstí) ist das Herz der Stadt und war im Mittelalter der wichtigste Marktplatz. Obwohl der Platz sehr touristisch ist, ist die Atmosphäre auf dem Platz und in den Gassen drumherum sehr gemütlich. Der Platz ist voller Cafés (schauen Sie erst auf die Preise, bevor Sie sich setzen), Straßenkünstler und Pferdekutschen. In der Weihnachtszeit trifft man sich auf dem Weihnachtsmarkt und zu Ostern – logisch, auf dem Ostermarkt.
staroměstské náměstí, u-bahn: staroměstská, můstek

HAVELSKÁ TRŽNICE ⑰

Altstadt

SPAZIERGANG 1 (ca. 6 km)

Los geht's am Obecní Dům (1). Steigen Sie auf den Pulverturm (2) oder gehen Sie darunter hindurch, dann rechts in die U Prašne Brány. Biegen Sie links ab zum Artěl Design Shop (3), dann wieder links in die Králodvorská. Am Ende der Straße rechts und dann wieder rechts durch ein Tor. Gehen Sie bis zum Ende dieser Straße, dann links in die Jakubska. Am Ende liegt das Tor zum Týnhof bzw. zum historischen Handelsplatz Ungelt (4) (5) (6) (7). Durch einen Torbogen auf der anderen Seite verlassen Sie den Platz wieder (8). Rechterhand finden Sie einen schönen Trödelladen (9). Biegen Sie links ab, dann rechts an der Kirche vorbei und links in die Celetná (10) (11) (12). Weiter bis zum Pulverturm. Gehen Sie rechts in die Einkaufsstraße Na Příkopě (13) (14) und weiter bis zur bis 28 Října, dann in die Perlova rechts abbiegen (15). Am Uhelný-trh-Platz wieder rechts ab in die Rytířská und diese geradeaus. Links ist das Theater (16). Gehen Sie um das Gebäude und kehren Sie links zurück. Dann geradeaus, rechts in die Železná und gleich wieder links in die Havelská über den Markt (17). Am Ende rechts in die Michalská abbiegen, in der es einige gute Restaurants und Geschäfte gibt (18) (19) (20) (21). Gehen Sie durch die Havelská zurück. Biegen Sie links in die Melantrichova (22) ab zum Alten Stadtplatz (23) (24). Steigen Sie auf den Rathausturm (25), gehen Sie, die Uhr genau vor Ihnen, links in Richtung Malé Náměstí. Biegen Sie rechts in die U Radnice und reservieren einen Tisch (26). Dann geht's links und wieder links in die Křížovnická. Gehen Sie über den Innenhof des Clementinums (27), verlassen Sie ihn auf der rechten Seite. Biegen Sie links in die Karlova und rechts in die Jilska. Hier können Sie romantisch essen (28). Gehen Sie bis zum Ende und rechts in die Betlémské Náměstí (29) (30) (31). Dann rechts halten und rechts abbiegen zum Choco Café (32) oder am Ende des Platzes links in die Betlémská. Biegen Sie rechts ab in die U Dobřenských (33) und spazieren Sie am Ende links in die Náprstkova. Gehen Sie diese bis zum Ende für ein Bier in der Karolíny Světle (34). In der Boršov-Gasse liegt ein vegetarisches Restaurant (35) und ein Stück weiter in der Karolíny Světle können Sie bei Kurator (36) shoppen. Wenn Sie rechts in die Betlémska gehen und die Straßenseite wechseln, haben Sie einen schönen Blick auf die Karlsbrücke und die Burg.

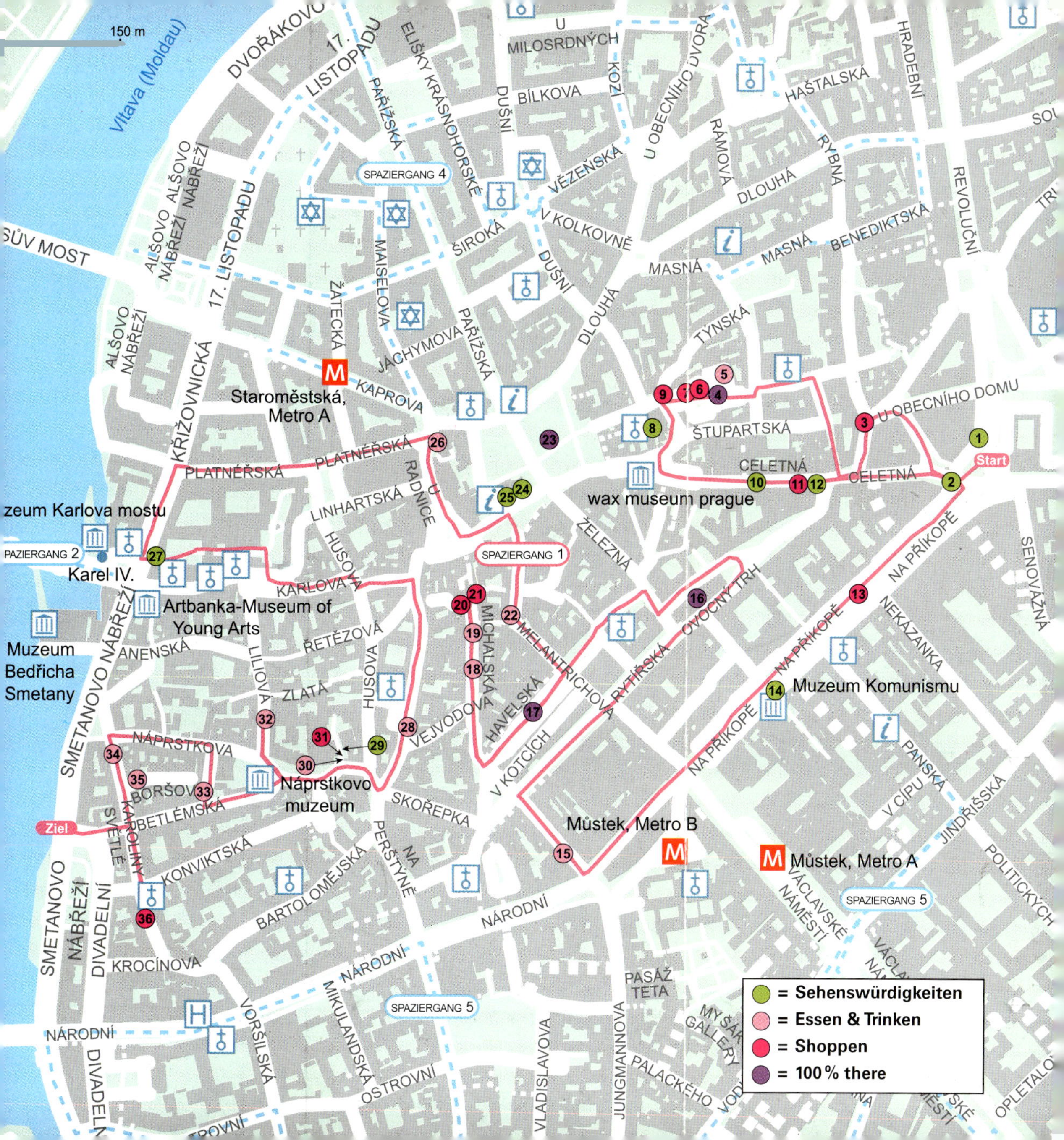
150 m
Vltava (Moldau)
DVOŘÁKOVO
17. LISTOPADU
ELIŠKY KRÁSNOHORSKÉ
PAŘÍŽSKÁ
U MILOSRDNÝCH
BÍLKOVA
DUŠNÍ
KOZÍ
U OBECNÍHO DVORA
HAŠTALSKÁ
HRADEBNÍ
RÁMOVÁ
RYBNÁ
DLOUHÁ
VĚZEŇSKÁ
SPAZIERGANG 4
V KOLKOVNĚ
ŠIROKÁ
MAISELOVA
MASNÁ
BENEDIKTSKÁ
REVOLUČNÍ
ALŠOVO NÁBŘEŽÍ
MOST
ŽATECKÁ
JÁCHYMOVA
TÝNSKÁ
KAPROVA
Staroměstská, Metro A
KŘIŽOVNICKÁ
U OBECNÍHO DOMU
ŠTUPARTSKÁ
PLATNÉŘSKÁ
CELETNÁ
Start
LINHARTSKÁ
U RADNICE
wax museum prague
Museum Karlova mostu
SPAZIERGANG 2
Karel IV.
SPAZIERGANG 1
ŽELEZNÁ
NA PŘÍKOPĚ
SENOVÁŽNÁ
KARLOVA
Artbanka-Museum of Young Arts
MICHALSKÁ
MELANTRICHOVA
OVOCNÝ TRH
Muzeum Bedřicha Smetany
ANENSKÁ
ŘETĚZOVÁ
LILIOVÁ
ZLATÁ
HUSOVA
RYTÍŘSKÁ
NEKÁZANKA
Muzeum Komunismu
HAVELSKÁ
VEJVODOVA
NÁPRSTKOVA
BORŠOVA
Náprstkovo muzeum
V KOTCÍCH
PANSKÁ
V CÍPU
JINDŘIŠSKÁ
SMETANOVO NÁBŘEŽÍ
SKOŘEPKA
Ziel
BETLÉMSKÁ
KAROLÍNY SVĚTLÉ
Můstek, Metro B
Můstek, Metro A
KONVIKTSKÁ
BARTOLOMĚJSKÁ
NA PERŠTÝNĚ
VÁCLAVSKÉ NÁMĚSTÍ
SPAZIERGANG 5
POLITICKÝCH
NÁRODNÍ
DIVADELNÍ
KROCÍNOVA
PASÁŽ TETA
MY ŠAK GALLERY
MIKULANDSKÁ
VORŠILSKÁ
VLADISLAVOVA
JUNGMANNOVA
PALACKÉHO
OSTROVNÍ
OPLETALOVA
= Sehenswürdigkeiten
= Essen & Trinken
= Shoppen
= 100 % there

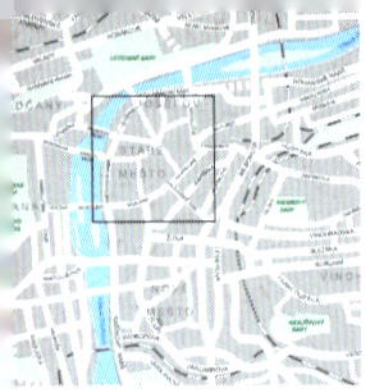

1. Obecní Dům/Kavárna Obecní Dům/Smetana-Saal
2. Pulverturm
3. Artěl Design Shop
4. Ungelt
5. Rybí trh
6. Dr. Stuart's Botanicus
7. Material
8. Tyn-Kirche
9. Bric à Brac
10. Celetná
11. Pohádka
12. Haus bei der Schwarzen Madonna
13. Na Příkopě
14. Museum des Kommunismus
15. NEB.O
16. Stavovské Divadlo
17. Havelská Tržnice
18. Propaganda
19. U Modré Kachničky II
20. Art Deco
21. Sanu Babu
22. Country Life
23. Alter Stadtplatz
24. Astronomische Uhr
25. Altes Rathaus
26. Brasileiro
27. Klementinum
28. Le Terroir
29. Bethlehemkapelle
30. Klub Architektů
31. Futurista Universum
32. Choco Café U cervene zidle
33. RED Pif
34. Karoliný světlé
35. Lehká Hlava
36. Kurator

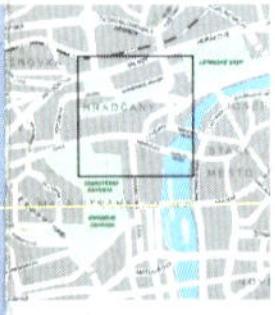

Prager Burg & Hradčany

Tausendjährige Baukunst und wunderschöne Gärten

Nur wer die Prager Burg (Pražsky Hrad) gesehen hat, kennt Prag wirklich. Die Prager Burg ist eine der größten geschlossenen Burganlagen der Welt, deren Vorderseite allein schon einen halben Kilometer misst. Sie liegt auf einem Hügel und ist damit von der ganzen Stadt aus sichtbar. Besonders die Türme des Veitsdoms sind wunderschön anzusehen. Auf den Hängen rund um die Burg befinden sich traumhafte Garten voller Pavillons, Gartenhäuschen, Statuen und Springbrunnen.

Prinz Bořivoj gründete die Burg im 9. Jahrhundert, und seitdem ist das Areal mit seinen Palästen, Türmen und Kirchen stetig erweitert worden. Heute kann man die tausendjährige Geschichte erahnen, denn fast jeder Baustil ist irgendwo versteckt. Nehmen Sie zum Beispiel den Veitsdom. Von der Grundsteinlegung im Jahr 1344 dauerte es fast 600 Jahre, bis der Dom 1929 endlich vollendet wurde. Man sieht es: Die Fundamente des Gebäudes sind gotisch, der höchste Turm enthält Renaissance- und Barockelemente, und der

2

Haupteingang ist neogotisch. Auch die anderen Bauwerke der Burg sind im Laufe der Jahrhunderte umgebaut, ausgebaut und renoviert worden. Der letzte große Umbau fand in den 20er Jahren des vorigen Jahrhunderts statt. Architektur- und Geschichtsliebhaber kommen voll auf ihre Kosten. Aber auch Politikinteressierte: Die tschechoslowakische Regierung hatte hier früher ihren Sitz, heute residiert der Präsident der Tschechischen Republik in der Burg.

Der Stadtteil Hradčany liegt im Westen der Prager Burg und erstreckt sich bis zum Kloster Strahov auf dem Peřin-Hügel. Das Viertel wurde 1320 gebaut und war damals eine Stadt mit eigenen Rechten. Die Altstadt, die Neustadt, Malá Strana (Kleinseite) und Hradčany wurden jedoch 1784 zu einer einzigen Stadt vereint. Die Gassen, die sich durch Hradčany schlängeln, eignen sich hervorragend für einen romantischen Abendspaziergang.

6 Insider-Tipps

Nerudova-Straße

Fassadenornamente in der historischen Straße bewundern.

Prager Burg

Durch das beeindruckende Burgareal schlendern.

Wachablösung

Eine besondere Zeremonie auf der Prager Burg erleben.

Goldene Gasse

An Häusern aus dem 17. Jahrhundert vorbeispazieren.

U Zlaté Studně

Mit perfekter Aussicht romantisch zu Abend essen.

Palastgarten

Spazieren gehen und sich zwischen Springbrunnen ausruhen.

- **Sehenswürdigkeiten**
- **Shoppen**
- **Essen & Trinken**
- **100% there**

Sehenswürdigkeiten

(4) Im **Museum Montanelli** treffen Sie auf wechselnde Ausstellungen von moderner Kunst und Art brut aus der ganzen Welt. Auch private Kollektionen europäischer Sammler werden dort regelmäßig gezeigt. Alle zwei Monate kommt eine neue Ausstellung; das aktuelle Programm finden Sie auf der Webseite des Museums.
nerudova 13, www.muzeummontanelli.com, telefon: 2 57531220, geöffnet: di-fr 14.00-18.00, eintritt: 80 kč, u-bahn: malostranská, straßenbahn: 12, 20, 22 malostranské náměstí

(10) Im **Sternberg-Palast** (Šternberský Palác) hatte der 1796 gegründete Verein zum Erhalt des böhmischen Kulturerbes seinen Sitz. Mit einem schönen Nebeneffekt: Die Adeligen hinterließen der Organisation ihre wertvollsten Kunstschätze, und so entstand eine herausragende Kollektion europäischer Kunst. Die seit 1949 zur Nationalgalerie gehörende Sammlung beeindruckt mit Kunstwerken u. a. von Goya, Rembrandt und Rubens.
hradčanské náměstí 15, www.ngprague.cz, telefon: 2 33090570, geöffnet: di-so 10.00-18.00, eintritt: 150 kč, u-bahn: malostranská, hradčanská

(12) Das **Belvedère**, der königliche Sommerpalast, liegt in den wunderschönen Königsgärten. Ferdinand I. gab Paolo della Stella zwischen 1538 und 1564 den Auftrag, diesen kleinen Sommerpalast für seine Frau Anna zu bauen. Anna selbst hat den Palast leider nie gesehen, denn sie starb, bevor er fertiggestellt wurde. Besonders romantisch ist der "singende" Brunnen, bei dem Wassertropfen auf Metallplatten fallen. Man muss aber genau hinhören.
prager burg, königsgärten, www.hrad.cz, geöffnet: nur während ausstellungen, eintritt: wechselnd, u-bahn: malostranská, hradčanská

⑬ PRAGER BURG

⑬ Die **Prager Burg** (Pražský Hrad) wurde im 9. Jahrhundert gegründet und zählt zu den größten Burganlagen weltweit. Es gibt unter anderem vier Schlossplätze (Innenhöfe), einige Kirchen sowie mehrere herrschaftliche Paläste. Da die Burg eine strategisch gute Lage besitzt, war sie im Laufe der Jahre beliebter Stammsitz vieler Fürsten. Der jetzige Präsident residiert in der Burg und auch die Kabinettssitzungen finden hier statt. Die Burg ist von wunderschönen Gärten umgeben, in denen man tagelang spazieren gehen könnte.
prager burg, www.hrad.cz, telefon: 2 24373368, geöffnet: apr.-okt. 5.00-0.00, nov.-märz 6.00-23.00, eintrittskarten am eingang oder im informationszentrum, eintritt: 350 kč, eintrittskarten sind zwei tage gültig, u-bahn: malostranská, hradčanská, straßenbahn: 12, 18, 20, 22, 23, 91 pražský hrad, pohoreleč

(14) Der **Veitsdom** (Katedrála Sv. Víta) ist die größte und bedeutendste Kirche Prags, deren gotische Türme das Stadtbild prägen. Der Bau des Domes begann 1344 und wurde – fast 600 Jahre später – im Jahr 1929 abgeschlossen. Nehmen Sie sich ausreichend Zeit, um den Haupteingang, die Kapellen und das goldene Türmchen der St.-Wenzels-Kapelle zu besichtigen. Achten Sie draußen auf die schönen Wasserspeier mit ihren unterschiedlichen Formen. Übrigens: Die Glocke des Veitsdoms gehört zu den größten der Welt.
dritter burghof, www.hrad.cz, telefon: 2 24373368, geöffnet: täglich apr.-okt. 9.00-17.00, nov.-märz 9.00-16.00, eintritt: haupteingang gratis, rest mit eintrittskarte prager burg (13), u-bahn: hradčanská, malostranská

(16) Der Pulverturm **Mihulka** wurde im 15. Jahrhundert erbaut und hat im Laufe der Jahre verschiedene Zwecke erfüllt. Unter anderem war er Lagerstätte für Schießpulver (daher der Name), Alchemistenlabor und Wohnung für den Glöckner des Veitsdoms. Heute befindet sich hier eine Ausstellung über die Wächter der Prager Burg.
gasse an der vikarská, www.hrad.cz, telefon: 2 24373368, geöffnet: täglich apr.-okt. 9.00-17.00, nov.-märz 9.00-16.00, eintritt: mit eintrittskarte prager burg (13), u-bahn: hradčanská, malostranská

(17) Nachdem die Prager Burg im 11. Jahrhundert zu einer stattlichen Festung ausgebaut worden war, bezogen die Prinzen von Böhmen den **Königspalast** (Královský Palác). Vom 13. bis zum 16. Jahrhundert gehörte der Palast dann dem jeweiligen König. Der Vladislav-Saal mit seiner beeindruckenden spätgotischen Decke bildet das Herz des Palastes.
dritter burghof, www.hrad.cz, telefon: 2 24373368, geöffnet: täglich apr.-okt. 9.00-17.00, nov.-märz 9.00-16.00, eintritt: mit eintrittskarte prager burg (13), u-bahn: hradčanská, malostranská

(18) Sie interessieren sich für die Geschichte der Prager Burg? Dann besuchen Sie die Ausstellung **The Story of Prague Castle**. Hier erfahren Sie alles über den Bau der Burg und über die Menschen, die im Laufe der Jahrhunderte in den monumentalen Gemäuern gelebt haben.
dritter burghof, www.hrad.cz, telefon: 2 24373368, geöffnet: täglich apr.-okt. 9.00-17.00, nov.-märz 9.00-16.00, eintritt: mit eintrittskarte prager burg (13), u-bahn: hradčanská, malostranská

(19) Das Kloster St. Georg (Klášter Sv. Jiří) wurde im 10. Jahrhundert von Prinzessin Mlada gegründet. Es war das erste tschechische Kloster. Rechts davon steht die 921 unter Fürst Vratislav erbaute **St.-Georgs-Basilika** (Bazilika Sv. Jiří) mit ihrer in warmen Farben gehaltenen Fassade. Der schlichte Bau ist zweifellos die schönste erhaltene romanische Kirche in Prag.
jiřské náměstí, www.hrad.cz, telefon: 2 24373368, geöffnet: täglich apr.-okt. 9.00-17.00, nov.-märz 9.00-16.00, eintritt: mit eintrittskarte prager burg (13), u-bahn: hradčanská, malostranská

(20) Einmal durch die romantische **Goldene Gasse** (Zlatá Ulička) zu spazieren, ist ein Muss für jeden Pragbesucher. Hier stehen winzig kleine Häuser aus dem 17. Jahrhundert, die 2009/2010 komplett renoviert wurden. Die Legende besagt, dass hier Goldschmiede wohnten; sicher ist, dass der tschechische Schriftsteller Franz Kafka in Hausnummer 22 lebte.
zlatá ulička, www.hrad.cz, telefon: 2 24373368, geöffnet: täglich apr.-okt. 9.00-17.00, nov.-märz 9.00-16.00, eintritt: mit eintrittskarte prager burg (13), u-bahn: malostranská

(22) Der **Daliborka-Turm** (Věž Daliborka) aus dem 15. Jahrhundert war einst ein Wehrturm und diente gleichzeitig als Kerker. Der Name stammt von seinem ersten Gefangenen: Dalibor. Dieser junge Ritter versteckte einen Flüchting und bekam dafür die Todesstrafe. Er landete in einer unterirdischen Zelle, die nur über ein Loch in der Decke zu erreichen war. Man erzählt, dass er durch sein Geigenspiel unzählige Menschen begeisterte, die ihn durch das Loch mit Essen versorgten. Seit 1781 wird der Turm nicht mehr als Gefängnis genutzt.
zlatá ulička, www.hrad.cz, geöffnet: nicht öffentlich zugänglich, u-bahn: malostranská

(23) Das **Spielzeugmuseum** (Muzeum Hracèk) in der Prager Burg ist weltweit das zweitgrößte Museum seiner Art. Ausgestellt wird antikes Spielzeug aus Europa und Amerika, darunter viele einzigartige Stücke. Im oberen Stockwerk ist eine Barbie-Dauerausstellung zu sehen, sogar eine Van-Gogh-Sonnenblumen-Barbie gibt es.
jiřská ulice 6, telefon: 2 24372294, geöffnet: täglich 9.30-17.30, eintritt: 70 kč, u-bahn: malostranská

KÖNIGSPALAST ⑰

㉔ Im **Palais Lobkowitz** (Lobkowiczký palác) befindet sich ein ganz besonderes Museum: die größte Familiensammlung ganz Europas. Der Familienschatz umfasst Malereien, Juwelen, Musikinstrumente und Original-Partituren. Besonders interessant ist der Audioführer, eine Idee des jetzigen Baron Lobkowitz. Der Baron umreißt die Geschichte des Palastes und berichtet von den Anstrengungen der Familie, den Palast nach dem Zweiten Weltkrieg und während des Kommunismus wieder in ihren Besitz zu bringen. *jiřská ulice 3, www.lobkowicz.cz, telefon: 2 33312925, geöffnet: täglich 10.00-18.00, eintritt: 275 kč, u-bahn: malostranska*

Essen & Trinken

(5) Teeliebhaber können gut und gerne ein paar Stunden im **U Zeleného Čaje** verbringen. In diesem kleinen Teehaus gibt es Tees aus aller Welt, dazu werden kleine Häppchen serviert. Ein Garant für einen relaxten Nachmittag.
nerudova 19, www.uzelenehocaje.cz, telefon: 7 31472753, geöffnet: täglich 11.00-20.00, preis: 50 kč, u-bahn: malostranská

(6) Von der Terrasse des veganen Restaurants **LoVeg** haben Sie einen schönen Blick über die Burg. Auf der Karte stehen nicht nur typische vegane Gerichte wie Currys und Hommus, sondern auch ein veganer Garnelen-cocktail und vegane Versionen tschechischer Klassiker, zum Beispiel Gulasch und *svíèková na smetanì* (Rindfleisch mit Sahnesoße). Und dazu ein kühles tschechisches Biobier!
nerudova 36, www.loveg.cz, telefon: 6 02150202, geöffnet: täglich 11.30-22.00, preis: 180 kč, u-bahn: malostranská, straßenbahn: 12, 20, 22 malostranské náměstí

(7) Im **Cowboys** lässt man sich in einem der gemütlichen Kellerräume mit Steaks und Grillgerichten verwöhnen. Zu dunkel? Dann gehen Sie einfach auf die Dachterrasse, suchen Sie sich einen freien Tisch, bestellen Sie einen leckeren Cocktail und genießen Sie die Aussicht über Prag. Traumhaft!
nerudova 40, www.kampagroup.com, telefon: 2 96826107, geöffnet: täglich 12.00-1.00, preis: 375 kč, u-bahn: malostranská, straßenbahn: 12, 20, 22 malostranské náměstí

(8) Der tschechische Künstler Jakub Krejèí hat die Wände des Kunst-Lokals **U Zavìšenýho Kafe** mit Wandmalereien verziert, die Szenen aus der Geschichte des Landes darstellen. Es macht Spaß, die Bilder beim Essen zu betrachten. Neben den üblichen Speisen bekommt man hier auch vegetarische und glutenfreie Gerichte.
úvoz 6, www.uzavesenyhokafe.cz, telefon: 6 05294595, geöffnet: täglich 11.00-0.00, preis: 180 kč, u-bahn: malostranská, straßenbahn: 12, 20, 22 malostranské náměstí

LOVEG 6

⑤ U ZELENÉHO ČAJE

(15) Direkt neben dem Veitsdom liegt das Restaurant **Vikárka**. Die Räume dieses geschichtsträchtigen Restaurants dienten früher als Stallungen, Schuppen und Labor für Alchemisten. Bestellen Sie sich *hovězí svíčková* (Rindfleisch in Sahnesoße mit Cranberrys), um wieder zu Kräften zu kommen, bevor Sie den Rest der Burg erobern. Das Vikárka ist auch ideal für größere Gruppen.
vikářská 39, www.vikarka.cz, telefon: 2 33311962, geöffnet: täglich 11.00-20.00, preis: 250 kč, u-bahn: hradčanská, malostranská

(28) Nicht ganz günstig, aber doch lohnenswert: Die Aussicht von **U Zlaté Studně** ist so überraschend, dass sie für die hohen Preise entschädigt. Zum atemberaubenden Blick über die Terrakottadächer der Malá Strana gehört natürlich auch ein exklusives Essen. Auf der Karte steht unter anderem Taube mit Kastanien in einer Cognac-Schokoladen-Soße.
u zlaté studně 4, www.terasauzlatestudne.cz, telefon: 2 57533322, geöffnet: täglich 7.00-23.00, preis: 900 kč, u-bahn: malostranská

(31) Im Rebgarten an der Burg liegt das Restaurant Villa Richter. Eigentlich besteht die **Villa Richter** aus drei Restaurants in drei verschiedenen Preisklassen. Im Piano Nobile gibt es luxuriöse internationale Küche, im Piano Terra die traditionell tschechische. Und unter der mit Weinranken bedeckten Pergola im Panorama Pergola können Sie einen Wein trinken und die herrliche Aussicht über Prag genießen.
staré zámecké schody 6, www.villarichter.cz, telefon: 7 02205108, geöffnet: täglich 10.00-23.00, preis: 350 kč, u-bahn: malostranská

(32) Der **Pálffy Palác Club** wurde als "romantischster Ort der Stadt Prag" ausgezeichnet. Vor allem die leicht dekadente Atmosphäre macht dieses Restaurant zu etwas ganz Besonderem. Von der Musikhochschule, die über dem Restaurant liegt, wehen während des Essens immer wieder sanfte klassische Melodien herüber. Die Karte ändert sich je nach Saison. Probieren Sie auch den Wochenendbrunch oder die wechselnden Mittagsmenüs.
valdštejnská 14, www.palffy.cz, telefon: 2 57530522, geöffnet: täglich 11.00-23.00, preis: 500 kč, u-bahn: malostranská

③ GINGERBREAD MUSEUM

Shoppen

(3) In der Weihnachts- und Osterzeit sieht man überall in Prag Marktstände mit verzierten Lebkuchenherzen. Im **Gingerbread Museum** erhalten Sie das ganze Jahr Lebkuchen in allen Sorten und Größen, von traditionellen Herzen und Häuschen bis zu Novitäten wie Lebkuchen-Cupcakes. Hinten im Laden können Sie den Lebkuchenverzierern bei der Arbeit zuschauen.
nerudova 9, www.gingerbreadmuseum.cz, telefon: 7 24355965, geöffnet: täglich 9.30-18.30, u-bahn: malostranská, straßenbahn: 12, 20, 22 malostranské náměstí

(21) Die Prager Burg ist eine der größten touristischen Attraktionen in Prag. Rund um die Burg gibt es dann konsquenterweise auch viele auf Touristen spezialisierte Läden. Richtig stilvoll kaufen Sie Ihre Souvenirs jedoch in der Burg direkt, in den niedlichen **kleinen Läden** der Goldenen Gasse.
zlatá ulička, geöffnet: täglich apr.-okt. 9.00-17.00, nov.-märz 9.00-16.00, eintritt: mit eintrittskarte prager burg (13), u-bahn: malostranská

(25) Im **Museumsshop** des Palais Lobkowitz empfängt den Kunstfreund eine große Auswahl an Postkarten, Büchern und Postern. Auch stilvolle Souvenirs sowie preisgekrönte Weine aus den Weinbergen der Familie Lobkowitz kann man hier erstehen.
jiřská ulice 3, www.lobkowicz.cz, telefon: 2 33312925, geöffnet: täglich 10.00-18.00, u-bahn: malostranská

(29) Wenn Sie die **Alten Burgtreppen** hinauf- oder hinuntergehen (Staré Zámecké Schody), kommen Sie an vielen kleinen Geschäften vorbei, die farbige Steine, Malereien und andere Souvenirs verkaufen. Sehr touristisch, aber wer genau hinschaut, kann durchaus ein seltenes Stück entdecken.
staré zámecké schody, geöffnet: geschäfte täglich 10.00-18.00, u-bahn: malostranská

② NERUDOVA

100% there

① Der **Wallenstein-Palast** (Valdštejnský Palác) wurde im Auftrag des einflussreichen Generals Vaclav Eusebius von Wallenstein errichtet. Der Palast, den er zwischen 1624 und 1630 bauen ließ, sollte sogar die Prager Burg übertreffen. Heute hat der tschechische Senat dort seinen Sitz. Hinter dem Palast liegen die schönen **Wallenstein-Gärten** (Valdštejnská Zahrada) mit ihren nachgebildeten Bronzefiguren, die Originalfiguren wurden 1648 von den Schweden gestohlen. Auch eine beeindruckende Grotte, einen schönen Pavillon, in dem Open-Air-Konzerte stattfinden, einen Teich und eine alte Reitschule gibt es zu bewundern. Um zum Palast zu gelangen, halten Sie sich beim Betreten der Gärten links, laufen dann zur rechten Seite des Gartens und verlassen die Gärten über die Treppe rechts vom Podium. Sie gelangen auf einen kleinen Innenhof und auf der linken Seite befindet sich der Palasteingang.
valdštejnské náměstí 4, www.senat.cz, telefon: 2 57075707, geöffnet: palast nov.-märz sa-so (nur am ersten wochenende) 10.00-16.00, apr.-mai, okt. sa-so 10.00-17.00, juni-sept. sa-so 10.00-18.00, garten apr.-mai, okt. mo-fr 7.30-18.00 & sa-so 10.00-18.00, juni-sept. mo-fr 7.30-19.00 & sa-so 10.00-19.00, eintritt: frei, u-bahn: malostranská, straßenbahn: 12, 18, 20, 22, 23, pražský hrad, pohoreleč

② Die historische **Nerudova**-Straße wurde nach nach dem Schriftsteller Jan Neruda benannt. Neruda schrieb viele Geschichten über diese Gegend und wohnte zwischen 1845 und 1857 im Haus bei den Zwei Sonnen, in der Hausnummer 47. In dieser Straße kann man wunderbar die alten Hausschilder an den Giebeln studieren, die – bevor im Jahr 1770 die Hausnummern eingeführt wurden – zur Erkennung der Häuser dienten. Hausnummer 2 trägt beispielsweise den roten Adler, Hausnummer 12 die drei Violinen, Hausnummer 34 das goldene Hufeisen, Hausnummer 43 den grünen Krebs und Hausnummer 49 den weißen Schwan. Hausnummer 32 war die erste Apotheke von Hradčany aus dem Jahr 1749. Im Haus zum weißen Schwan zu wohnen hört sich doch viel romantischer an, als in Hausnummer 49, oder?
nerudova ulice, u-bahn: malostranská

(9) Die **Wachablösung** findet zu jeder vollen Stunde auf dem ersten Burghof statt. Vor allem die 12-Uhr-Zeremonie ist ein echtes Highlight. Die ausgefeilte Choreografie und die Fanfarenmusik sind absolut einen Besuch wert!
erster burghof prager burg, www.hrad.cz, u-bahn: malostranská, hradčanská

(11) Der **Königsgarten** (Královská Zahrada) ist vor allem im Frühling, wenn die Blumen erblühen, eine wunderschöne Oase inmmiten der hektischen Altstadt. Der Garten wurde im 16. Jahrhundert nach englischem Vorbild angelegt. Sie können hier sowohl die ehemalige Sommerresidenz des Präsidenten als auch den Sommerpalast Belvedere und das Ballhaus besichtigen.
zweiter burghof prager burg, www.hrad.cz, geöffnet: täglich apr. & okt. 10.00-18.00, mai & sept. 10.00-19.00, juni-juli 10.00-21.00, aug. 10.00-20.00, eintritt: frei, u-bahn: malostranská, hradčanská

(26) Vom **Wallgarten** (Zahrada Na Valech) aus haben Sie eine fantastische Aussicht über die Dächer der idyllischen Malá Strana. Zum Glück stehen dort auch viele Parkbänke, sodass sich die strapazierten Füße kurz erholen können.
prager burg, zahrada na valech, www.hrad.cz, telefon: 2 24373368, geöffnet: täglich apr., okt. 10.00-18.00, mai, sept. 10.00-19.00, juni-juli 10.00-21.00, aug. 10.00-20.00, u-bahn: malostranská

(27) In Hradčany gibt es eine Menge Gärten, aber der **Palastgarten** (Palácové Zahrady), gelegen am Fuße der Prager Burg, gehört wohl zu den schönsten. Es gibt kleine, verträumte Pfade, ein Treppenlabyrinth, ein idyllisches Sommerhäuschen sowie verspielte Springbrunnen. Die vielen Terrassen führen direkt zur Südseite der Burg. Auf dem Weg nach oben (oder nach unten) haben Sie eine wunderbare Aussicht über die Dächer der Häuser in der Malá Strana.
valdštejnské náměstí 3, auh über den wallgarten zu erreichen, www.palacove-zahrady.cz, telefon: 7 24823719, geöffnet: täglich apr. & okt. 10.00-18.00, mai & sept. 10.00-19.00, juni-juli 10.00-21.00, aug. 10.00-20.00, eintritt: 80 kč, u-bahn: malostranská

WACHABLÖSUNG ⑨

㉚ Sind Sie schon einmal mitten in einer Großstadt durch einen Rebgarten gegangen? In Prag ist das möglich. Direkt neben den Toren der Prager Burg liegen die **St.-Wenzels-Weingärten** (Svatováclavské vinice). Sie wurden schon im 10. Jahrhundert angelegt und zählen damit zu den ältesten Weingärten Tschechiens. Im Laufe der Jahre sind sie leider immer mehr verfallen. Doch nach einer umfassenden Restaurierung machte man die Weingärten 2008 wieder der Öffentlichkeit zugänglich.
staré zámecké schody 6, www.villarichter.cz, telefon: 7 02205108, geöffnet: täglich 10.00-23.00, eintritt: frei, u-bahn: malostranská

Prager Burg & Hradčany

SPAZIERGANG 2 (ca. 5 km)

Beginnen Sie Ihren Spaziergang an der U-Bahn-Station Malostranská und biegen Sie links ab in Richtung Malá Strana. Gehen Sie nach rechts bis ans Ende der Straße und biegen Sie an der Kreuzung rechts in die Letenská ab. Am Ende sehen Sie ein braunes Tor: Dort sind die Wallensteingärten 1. Gehen Sie die Letenská bis zum Ende und erklimmen Sie über die Nerudova den Hügel. Achten Sie auf die alten Ornamente 2, kaufen Sie ein Pfefferkuchenherz 3, betrachten Sie moderne Kunst 4, trinken Sie eine Tasse Tee 5, essen Sie eine vegetarische Mahlzeit 6 auf einer Dachterrasse oder genehmigen Sie sich ein Steak 7 oder ein Bier 8. Gehen Sie scharf rechts und den Ke-Hradu-Hügel hinauf zur Prager Burg. Erleben Sie hier zu jeder vollen Stunde die Wachablösung 9. Besichtigen Sie den Sternberg-Palast 10 (links gibt es einen Weg nach unten, gehen Sie durch die große eiserne Tür). Betreten Sie an der rechten Seite des Platzes durch ein Tor den Garten Zahrada na Baště und folgen Sie dem Weg. Rechts die Treppe hinunter. Bleiben Sie auf dem Weg, bis Sie links eine Brücke und rechts das große Tor der Burganlage sehen. Überqueren Sie die Brücke, um durch den Königsgarten zu spazieren 11 12 oder gehen Sie durch das Tor in die Burg 13. Kaufen Sie hier auf dem zweiten Innenhof eine Eintrittskarte. Im dritten Innenhof können Sie den Veitsdom 14 15, den Mihulka 16, den Königspalast 17, The Story of Prague Castle 18 und die St.-Georgs-Basilika 19 besichtigen. Gehen Sie weiter bis zur Goldenen Gasse 20 21 22, dem Spielzeugmuseum 23 und dem Palais Lobkowitz 24 25. Verlassen Sie die Burg über die Jiřská. Direkt nach dem Ausgang können Sie rechts in den Wallgarten abbiegen 26. Auf der linken Seite in den Palastgarten hinuntergehen oder ihn am Ende des Spaziergangs von unten erklimmen 27. Oder Sie steigen die Treppe Richtung Restaurant U Zlaté Studně 28 hinab. Danach können Sie über die Burgtreppen Staré Zámecké Schody 29 oder den Weinberg 30 31 den Hügel wieder hinabsteigen. Gehen Sie rechts durch den Park und biegen Sie rechts in die Valdštejnská ab. Hier finden Sie ein weiteres Toprestaurant 32.

+Kafka-Museum

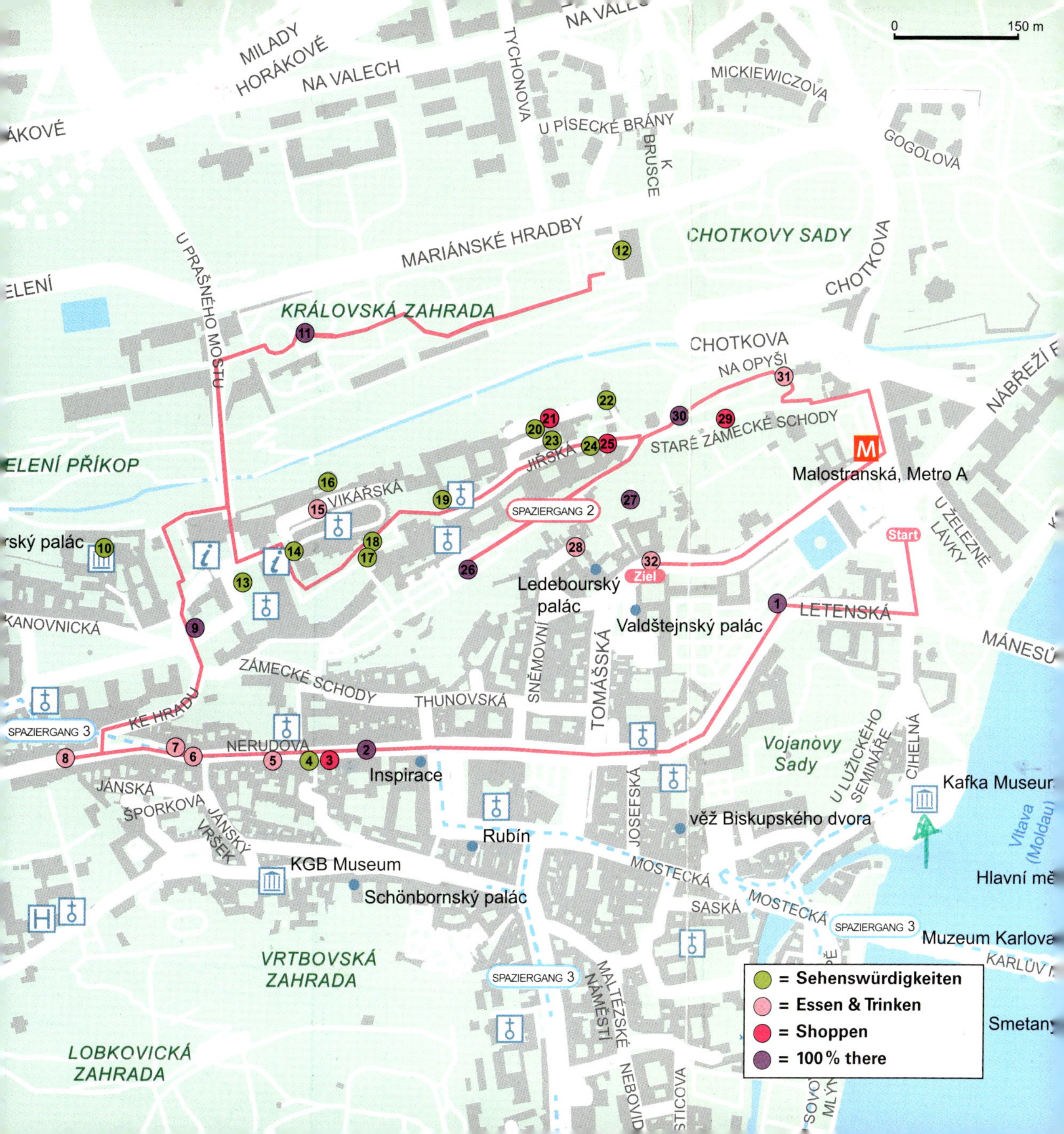

0
150 m
MILADY HORÁKOVÉ
NA VALECH
NA VALECH
TYCHONOVA
MICKIEWICZOVA
U PÍSECKÉ BRÁNY
K BRUSCE
GOGOLOVA
MARIÁNSKÉ HRADBY
CHOTKOVY SADY
CHOTKOVA
U PRAŠNÉHO MOSTU
KRÁLOVSKÁ ZAHRADA
CHOTKOVA
NA OPYŠI
NÁBŘEŽÍ
STARÉ ZÁMECKÉ SCHODY
JIŘSKÁ
Malostranská, Metro A
ELENÍ PŘÍKOP
VIKÁŘSKÁ
SPAZIERGANG 2
Start
U ŽELEZNÉ LÁVKY
rský palác
Ziel
Ledebourský palác
LETENSKÁ
Valdštejnský palác
KANOVNICKÁ
MÁNESŮ
ZÁMECKÉ SCHODY
THUNOVSKÁ
SNĚMOVNÍ
TOMÁŠSKÁ
KE HRADU
SPAZIERGANG 3
NERUDOVA
Vojanovy Sady
U LUŽICKÉHO SEMINÁŘE
CIHELNÁ
Inspirace
Kafka Museum
JÁNSKÁ
ŠPORKOVA
JÁNSKÝ VRŠEK
JOSEFSKÁ
věž Biskupského dvora
Rubín
Vltava (Moldau)
KGB Museum
MOSTECKÁ
Hlavní mě
Schönbornský palác
SASKÁ
MOSTECKÁ
SPAZIERGANG 3
Muzeum Karlova
KARLŮV
VRTBOVSKÁ ZAHRADA
SPAZIERGANG 3
MALTÉZSKÉ NÁMĚSTÍ
= Sehenswürdigkeiten
= Essen & Trinken
= Shoppen
= 100 % there
Smetan
LOBKOVICKÁ ZAHRADA
NEBOVID
STICOVA

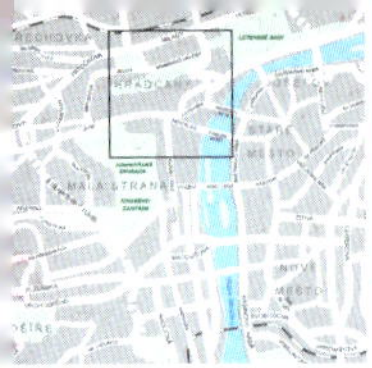

1. Wallenstein-Palast/ Wallenstein-Gärten
2. Nerudova
3. Gingerbread Museum
4. Museum Montanelli
5. U Zeleného Čaje
6. LoVeg
7. Cowboys
8. U Zavěšenýho Kafe
9. Wachablösung
10. Sternberg-Palast
11. Königsgarten
12. Belvedère
13. Prager Burg
14. Veitsdom
15. Vikárka
16. Mihulka
17. Königspalast
18. The Story of Prague Castle
19. St.-Georgs-Basilika
20. Goldene Gasse
21. Kleine Läden
22. Daliborka-Turm
23. Spielzeugmuseum
24. Palais Lobkowitz
25. Museumsshop
26. Wallgarten
27. Palastgarten
28. U Zlaté Studně
29. Alte Burgtreppen
30. St.-Wenzels-Weingärten
31. Villa Richter
32. Pálffy Palác Club

Karlsbrücke & Malá Strana

Fotogener Stadtteil & aussichtsreicher Hügel

In Prag gibt es zahlreiche Brücken, unter denen die Karlsbrücke die bekannteste ist. Wer die vielen Touristen und Souvenirstände an und auf der Brücke meiden mochte, kommt am besten frühmorgens hierher. Schaffen Sie es zum Sonnenaufgang? Dann ist es ohne Zweifel am romantischsten. Die unter der Karlsbrücke liegende Insel Kampa wird von der Moldau (Vltava) und dem Teufelsbach (Čertovka) umflossen. Das hat ihr auch den Namen "Venedig von Prag" eingebracht. Einen Besuch wert sind die vielen guten Insel-Restaurants.

Die Karlsbrücke verbindet die Altstadt mit der Malá Strana (Kleinseite), die unter der Prager Burg liegt und bereits im 13. Jahrhundert gegründet wurde. 1541 ist bei einem Feuer ein großer Teil des Viertels abgebrannt, danach wurden viele Häuser der Malá Strana im Barockstil wieder aufgebaut. Wer durch die wunderschönen kleinen Gassen schlendert, wird von ganz besonderen Hausschildern überrascht. Bevor die Häuser im Jahre 1770 Hausnummern erhielten, verwendete man Giebelsteine zur Kennzeichnung

3

der Häuser. Diese Schilder waren nicht nur praktisch, sondern hatten meist auch eine symbolische Bedeutung. Ein Löwe oder Bär stand zum Beispiel für Kraft, ein Hufeisen brachte Glück und eine Lilie symbolisierte Unschuld. Wenn Ihnen einige Plätze bekannt vorkommen, dann ist das kein Wunder: Malá Strana dient häufig als Filmkulisse.

Im Südwesten der Malá Strana liegt der Petřin-Hügel. Man erkennt ihn von der Stadt aus am Petřin-Turm, der dem Eiffelturm ähnlich sieht und 1891 gebaut wurde. Auf dem Petřin-Huüel befindet sich ein großer Park, in dem die Prager der Hektik der Stadt entfliehen. Über verschlungene Pfade können Sie einen wunderschönen Spaziergang Richtung Hügel unternehmen. Zur Belohnung werden Sie mit einem herrlichen Blick über die Stadt und die Prager Burg belohnt. Und hier oben wird einem sofort deutlich, warum Prag auch die "Stadt der hundert Türme" genannt wird.

6 Insider-Tipps

Karlsbrücke

Über die berühmte Brücke spazieren.

Insel Kampa

Die Hektik der Stadt auf der Insel hinter sich lassen.

Museum Kampa

Moderne Kunst aus Mittel- und Osteuropa besichtigen.

Petřin-Hügel

Prags grünsten Hügel erklimmen und die Stadt von oben bewundern.

Phase 2 Boutique

Vintage-Designerkleidung und schicke Accessoires kaufen.

Café Savoy

In einem stilvollen Café Kaffee trinken.

- **Sehenswürdigkeiten**
- **Shoppen**
- **Essen & Trinken**
- **100% there**

Sehenswürdigkeiten

① 1357 gab Karl IV. den Bau der ersten befestigten Brücke über die Moldau in Auftrag: die weltberühmte **Karlsbrücke** (Karlův Most). Sie verbindet die Altstadt mit der Malá Strana und ist heutzutage eine der bekanntesten Attraktionen Prags. Seit 1683 kamen immer wieder neue Figuren auf der Brücke hinzu. Die meisten davon sind aber inzwischen Kopien. Auch hier gibt es viele kleine Stände mit Schmuck, Malereien und den allgegenwärtigen Karikaturkünstlern. Vergessen Sie nicht, den goldenen Hund an den Füßen der Nepomukfigur zu berühren. Laut Legende kommen Sie dann noch einmal nach Prag zurück. Und wer möchte sich das schon entgehen lassen?
karlsbrücke, u-bahn: malostranská

② Der prächtige gotische **Brückenturm** auf der Altstadt-Seite (Staroměstská Mostecká Věž), wurde von Peter Parler im 14. Jahrhundert entworfen. Der Turm steht ganz am Anfang der Karlsbrücke und ist mit Figuren von St. Vitus, Karl IV. und Wenzel IV. dekoriert. Im Turm selbst kann man sich einen Film über die astronomische und astrologische Symbolik der Brücke ansehen. Vom ersten Stock aus haben Sie einen herrlichen Blick über die Prager Burg und die Malá Strana.
karlsbrücke, www.muzeumprahy.cz/prazske-veze, telefon: 2 24220569, geöffnet: täglich apr.-sept. 10.00-22.00, okt. & märz 10.00-20.00, nov.-feb. 10.00-18.00, eintritt: 90 kč, u-bahn: staroměstská, straßenbahn: 17, 18 karlovy lázně

③ Der tschechische Filmemacher Karel Zeman war Experte für Special Effects. Sein Werk hat Regisseure wie Terry Gilliam und Steven Spielberg inspiriert. In dem kleinen interaktiven **Museum Karla Zemana** erfahren Sie, wie die Special Effects entstanden, sehen Szenen aus seinen Filmen und können sie selbst nachspielen. Kamera nicht vergessen!
saský dvůr, www.muzeumkarlazemana.cz, telefon: 7 24341091, geöffnet: täglich 10.00-19.00, eintritt: 200 kč, straßenbahn: 12, 20, 22 malostranské náměstí

⑦ Im **Franz-Kafka-Museum** wird das Leben des Künstlers auf eine ganz besondere Art und Weise dargestellt, nämlich mit Lichteffekten, Geräuschen und Fotos. Den Einfluss, den Prag auf Kafka hatte, kann man hier regelrecht fühlen. Das Museum ist vor allem für diejenigen interessant, die mehr über Kafka und seine Beziehung zu Prag erfahren möchten.
cihelná 2b, www.kafkamuseum.cz, telefon: 2 57535507, geöffnet: täglich 10.00-18.00, eintritt: 180 kč, u-bahn: malostranská

⑩ Das **Museum Kampa** ist an den drei lebensgroßen Babyfiguren des Künstlers David Černý zu erkennen, die sich direkt neben dem Gebäude befinden. Das Augenmerk der Kollektion liegt auf moderner Kunst aus Mittel- und Osteuropa. Ein Großteil der Sammlung gehört Meda Mládek, der in den 60er-Jahren siebzig Kunstwerke von mittel- und osteuropäischen Künstlern erwarb – mit dem Ziel, diese Kunst dem Rest der Welt vorzustellen.
u sovových mlýnů 2, www.museumkampa.cz, telefon: 2 57286147, geöffnet: täglich 10.00-18.00, eintritt: 220 kč, straßenbahn: 12, 20, 22 hellichova

⑯ Im **Tschechischen Musikmuseum** (České muzeum hudby) werden historische Musikinstrumente ausgestellt. Neben Orgeln, Klavieren und Geigen gibt es eine Sammlung exotischer Exponate, bei denen man sich manchmal fragt, wie man ihnen Töne entlockt und wie diese wohl klingen mögen. Zum Glück hängen Kopfhörer bei vielen Instrumenten. Sie können sie sich tatsächlich anhören.
karmelitská 2, www.nm.cz, telefon: 2 57257737, geöffnet: mi-mo 10.00-18.00, eintritt: 120 kč, straßenbahn: 12, 20, 22 hellichova

㉑ Das **Kloster Strahov** (Strahovský Klášter) wurde 1140 von Vladislav II. gegründet. Besonders sehenswert ist die Klosterbibliothek aus dem 17. Jahrhundert mit rund 130.000 Bücher, unter anderem die Bibel in den verschiedensten Sprachen. Schauen Sie auch mal nach oben: Die gewölbten Decken sind mit zauberhaften Fresken versehen.
strahovské nádvoří 1, www.strahovskyklaster.cz, telefon: 2 33107730, geöffnet: täglich 9.00-12.00 & 12.30-17.00, eintritt: 40 kč, straßenbahn: 22 pohořelec

KARLSBRÜCKE ①

㉒ In der **Strahov-Galerie** (Strahovská Obrazárna) ist eine wertvolle Sammlung gotischer, barocker und romantischer Kunst ausgestellt. Die Galerie wurde 1863 gegründet und umfasst inwischen mehr als 1500 Kunstwerke. Außerdem gibt es grafische Kunstwerke sowie Möbel, Glas, Porzellan, Juwelen und Textilien aus dem 14. Jahrhundert zu bestaunen.
strahovské nádvoří 1, www.strahovskyklaster.cz, telefon: 2 33107730, geöffnet: täglich 9.00-12.00 & 12.30-17.00, eintritt (inklusive zugang zum kloster strahov) 80 kč, straßenbahn: 22 pohořelec

(24) In der **Galerie Miro** finden immer wieder Sonderausstellungen statt. So gab es hier bereits Ausstellungen mit Exponaten von Picasso, Chagall oder Frank Ettenberg. Informieren Sie sich einfach, ob gerade eine interessante Ausstellung läuft. Es lohnt sich.
strahovské nádvoří 1, www.galeriemiro.cz, telefon: 2 33354066, geöffnet: täglich 10.00-17.00, eintritt: je nach ausstellung 20-100 kč, straßenbahn: 22 pohořelec

(25) Das **Loreto-Heiligtum** ist seit seiner Errichtung 1626 ein Wallfahrtsort. Hier stehen eine Kopie des Hauses der Heiligen Jungfrau, eine Kirche mit mehreren Kapellen und ein Glockenturm. Sehenswert: die Schatzkammer mit einer Monstranz aus dem Jahr 1698, die aus Gold und Silber gefertigt und mit 6222 Diamanten verziert ist.
loretánské náměstí 7, www.loreta.cz, telefon: 2 20516740, geöffnet: täglich apr.-okt. 9.00-12.15 & 13.00-17.00, nov.-märz 9.30-12.15 & 13.00-16.00, eintritt: 130 kč, u-bahn hradčanská

(26) Die grüne Kuppel auf der Malá Strana ist nicht zu übersehen: Sie gehört zur **St.-Nikolaus-Kirche**, einer ursprünglich gotischen Kirche aus dem Jahre 1283. Zwischen 1704 und 1756 erhielt die Kirche einen 79 m hohen barocken Turm. Die Decke der Kirche wird von einer Freskenmalerei geziert, die das Leben von St. Nikolaus zeigt. Diese Deckenmalerei von Johann Krackers aus dem Jahr 1761 ist die größte Europas! Noch ein Highlight: Auf der Kirchenorgel hat Mozart im Jahre 1746 gespielt.
malostranské náměstí 38, www.stnicholas.cz, telefon: 2 57534215, geöffnet: täglich märz-okt. 9.00-17.00, nov.-feb. 9.00-16.00, eintritt: 70 kč, straßenbahn: 12, 20, 22 malostranské náměstí

(27) Zur Zeit des Kommunismus hatte die StB (der Geheimdienst) über siebzig Beobachtungsposten in Prag. Im **Turm der St.-Nikolaus-Kirche** befand sich der Posten Kajka, von dem aus die amerikanische Botschaft überwacht wurde. Von dem Beobachtungsposten ist heute nichts mehr zu sehen, aber durch die kleinen Fenster bietet sich ein schöner Blick auf Malá Strana, die Burg und eben die amerikanische Botschaft.
malostranské náměstí 38, www.muzeumprahy.cz/prazske-veze, geöffnet: täglich apr.-sept. 10.00-22.00, märz & okt. 10.00-20.00, nov.-feb. 10.00-18.00, eintritt: 90 kč, straßenbahn: 12, 20, 22 malostranské náměstí

TURM DER ST.-NIKOLAUS-KIRCHE ㉗

㉘ Sie haben einen ganz besonderen Wunsch? Dann besuchen Sie am besten das **Prager Jesuskind** (Pražské Jezulátko) in der Kirche Maria vom Siege (Kostel Panny Marie Vítězné). Schon seit 300 Jahren kommen Menschen aus aller Welt hierher – in der Hoffnung, es geschehe ein Wunder und die 45 cm große Wachsfigur würde ihren Wunsch erfüllen. Die Nonnen der Kirche kleiden das Jesuskind immer abwechselnd in eines seiner siebzig Gewänder. *karmelitska 9, www.pragjesu.info, telefon: 2 57533646, geöffnet: mo-sa 8.30-19.00, so 13.00-18.00, keine besichtigungen während des gottesdienstes, eintritt: gegen eine spende , straßenbahn: 12, 20, 22 malostranské náměstí*

Essen & Trinken

(8) Das Restaurant **Hergetova Cihelna** gehört zur Kampa-Gruppe, eine Garantie für hervorragendes Essen und eine zuvorkommende Bedienung. Auf der Karte stehen internationale Gerichte von Pasta über Hühnchencurry bis hin zu Sashimi-Pizza mit rohem Thunfisch und Wasabi. Vom Restaurant aus haben Sie einen atemberaubenden Blick über den Fluss. Sehr beliebt bei den Besuchern ist das gewagte Kunstwerk im Innenhof.
cihelna 2b, www.kampagroup.com, telefon: 2 96826103, geöffnet: täglich 11.30-1.00, preis: 500 kč, straßenbahn: 12, 20, 22 malostranské náměstí

(11) Wenn Sie das **Café Savoy** betreten, bemerken Sie sofort, dass es Stil und Klasse hat. Das Brot schneidet man mit weißen Handschuhen, die Weinflaschen werden in einem großen Holzschrank präsentiert, und das Personal reagiert auf den kleinsten Wink. Während Sie Ihren Kaffee und ein Stück Kuchen genießen, sollten Sie unbedingt mal einen Blick auf die auffällige farbenfrohe Decke riskieren.
vítězná 5, cafesavoy.ambi.cz, telefon: 2 57311562, geöffnet: mo-fr 8.00-22.30, sa-so 9.00-22.30, preis: 350 kč, straßenbahn: 6, 9, 12, 22 újezd

(12) Im **Café Lounge** ist man zu jeder Tageszeit richtig. Kommen Sie morgens auf einen frisch gerösteten Kaffee mit ausgedehntem Frühstück, mittags zu einer lecker gefüllten Focaccia und hausgemachter Limonade und dann noch einmal am Abend. Keine Lust auf eine ganze Mahlzeit? Hier gibt's auch köstliches Gebäck.
plaská 8, www.cafe-lounge.cz, telefon: 2 57404020, geöffnet: mo-fr 7.30-22.00, sa 9.00-22.00, so 9.00-17.00, preis: 200 kč, straßenbahn: 6, 9, 12, 22 újezd

(14) Die freundliche Bedienung und die hervorragenden Köche machen das **Noi** zu einem der angesagtesten thailändischen Restaurants in Prag. Wählen Sie am besten einen Tisch mit Blick auf die Küche oder einen Platz im ruhigen Innenhof. Die Chilischoten auf der Karte geben an, wie scharf das jeweilige Gericht ist. Von fast jedem Gericht gibt es eine vegetarische Variante.
újezd 19, www.noirestaurant.cz, telefon: 2 57311411, geöffnet: täglich 11.00-1.00, preis: 250 kč, straßenbahn: 6, 9, 12, 20, 22 újezd

CAFÉ LOUNGE 12

⑳ Schon Sean Connery und die Rolling Stones haben im Restaurant **Bellavista** das Essen und den atemberaubenden Blick über Prag genossen. Auf der Karte stehen italienische Spezialitäten, Salate und viele weitere, immer wieder wechselnde Gerichte.
strahovské nádvoří 1, www.bella-vista.cz, telefon: 2 20517274, geöffnet: täglich 11.00-0.00, preis: 400 kč, straßenbahn: 22 pohořelec

(23) Im heutigen Restaurant **Klášterní Pivovar** befand sich von 1628 bis 1907 die Brauerei des Klosters Strahov. Die Brauerei wurde 2000 vollständig renoviert und seitdem wird hier wieder Bier gebraut. Vom Restaurant aus können Sie einen Blick auf die Kessel werfen, in denen das St.-Norbert-Bier lagert. Probieren Sie unbedingt ein köstliches frisch gezapftes helles oder dunkles Bier. Und wenn Sie zur Oster- oder Weihnachtszeit da sein sollten, dürfen Sie auf keinen Fall die Bierspezialitäten der Jahreszeit verpassen: Dann gibt es nämlich den Oster- bzw. Weihnachtsbock.
strahovské nádvoří 301, www.klasterni-pivovar.cz, telefon: 2 33353155, geöffnet: täglich 11.00-22.00, preis: 250 kč, straßenbahn: 22 pohořelec

(29) Hinter der kleinen Eingangstür des **U Staré Studny** befindet sich ein romantischer Gewölbekeller. Die Bar hat sich auf Cognac spezialisiert und dazu werden täglich wechselnde hausgemachte Pasteten, französische Käsesorten und Pralinen aus der eigenen Herstellung gereicht. Ein Genuss!
tržiště 3, www.ustarestudny.cz, telefon: 2 57530582, geöffnet: mo-sa 16.00-1.00, so 16.00-23.00, preis: 100 kč, straßenbahn: 12, 20, 22 malostranské náměstí

(33) Bei **Bohemia Bagel** gibt es allerlei Sorten frischer Bagels sowie üppige Frühstücksangebote und feine Salate. Die Auswahl geht von klassischen Bagels mit Lachs und Frischkäse bis hin zum Bagel mit gegrilltem Hühnchen und Cäsardressing oder einem Tofuburger mit Teriyaki-Soße. Auch die Muffins, Brownies und Käsekuchen sind sehr empfehlenswert.
lázeňská 19, www.bohemiabagel.cz, telefon: 2 57218192, geöffnet: täglich 7.30-18.00, preis: 125 kč, u-bahn: malostranská

(34) Das französische Bistro **Cafe de Paris** liegt versteckt in den Gassen von Malá Strana. Kosten Sie eine der Saisonspezialitäten oder das Entrecote mit Pommes frites und der Soße "Cafe de Paris", die nach Geheimrezept zubereitet wird.
maltézské náměstí 4, www.cafedeparis.cz, telefon: 6 03160718, geöffnet: täglich 12.00-0.00, preis: 300 kč, straßenbahn: 12, 20, 22 hellichova

Shoppen

(4) Über vierhundert hübsche, lustige und gruselige Marionetten gibt es bei **Marionety Pavel Truhlář**. Prag ist bekannt für seine vielen verschiedenen Marionettenläden, aber dieser ist wohl einer der authentischsten. Pavel arbeitet nämlich ausschließlich mit tschechischen Künstlern zusammen. Schauen Sie sich auch die Werkstadt hinten im Laden an.
u lužického semináře 5, www.marionety.com, telefon: 6 02689918, geöffnet: täglich 10.00-18.00, straßenbahn: 12, 20, 22 malostranské náměstí

(6) Bei **Shakespeare A Synové** gibt es neue und gebrauchte englische Bücher: von Kunst bis Drama, von Kinderbüchern bis Science-Fiction. Auch tschechische Literatur in englischer Übersetzung kann man hier bekommen. Hinten im Laden stehen ein paar gemütliche Stühle zum Probelesen.
u lužického semináře 10, www.shakes.cz, telefon: 2 57531894, geöffnet: täglich 11.00-19.00, straßenbahn: 12, 20, 22 malostranské náměstí

(15) Der **Potten & Pannen Concept Store** ist ein Paradies für alle Köche und Köchinnen. In komplett eingerichteten Modellküchen können Sie luxuriöse Töpfe, Pfannen, Messer und Accessoires bekannter Marken bestaunen und erstehen.
újezd 25, www.pottenpannen.cz, telefon: 2 24214936, geöffnet: mo-sa 10.00-20.00, so 12.00-18.00, straßenbahn: 6, 9, 12, 20, 22 újezd

(30) Einem Retro-Laden wie der **Phase 2 Boutique** würde man gerne öfter mal einen Besuch abstatten: hip, ohne den komischen Geruch, der einem oft in anderen Secondhandläden entgegenschlägt. Hier gibt es Designermode, maßgeschneiderte Kleidung und Taschen, zum Beispiel von Gucci.
tržiště 8, www.phase2boutique.cz, telefon: 2 57532998, geöffnet: mo-fr 10.00-18.00, sa 12.00-18.00, straßenbahn: 12, 20, 22 malostranské náměstí

(31) Dem Namen **Manufaktura** begegnet man in Prag häufiger. Alles in diesem Geschäft ist von der Natur inspiriert. Es gibt natürliche Kosmetik, Spielzeug aus Holz, Kerzen und Porzellan.
mostecká 17, www.manufaktura.cz, telefon: 2 30234376, geöffnet: täglich 10.00-20.00, u-bahn: malostranská

SHAKESPEARE A SYNOVÉ ⑥

㉜ Wer auf der Suche nach farbenfrohen Gläsern ist, der sollte auf jeden Fall bei **Blue** vorbeischauen. Hier werden nicht nur hübsche Schalen und Gläser verkauft, man findet auch T-Shirts, Prag-Bücher und andere Souvenirs.
mostecká 24, www.bluepraha.cz, telefon: 2 57533716, geöffnet: mo-do 10.00-21.45, fr-so 10.00-22.30, u-bahn: malostranská

100% there

⑤ Lust auf Romantik? Dann ist die **Prager Venedig-Tour** genau das Richtige. Auch wenn Sie nicht mit dem Boot fahren möchten, ist der Anlegeplatz einen Besuch wert. Wenn Sie einen Blick auf das Wasserrad werfen, dann wissen Sie, warum diese Gegend auch das Venedig von Prag genannt wird.
insel kampa, www.prazskebenatky.cz, telefon: 7 76776779, geöffnet: täglich okt.-märz 10.30-17.00, apr. 10.30-18.00, mai-juni & sept. 10.30-19.00, juli-aug. 10.30-20.00, preis: bootstour 45 minuten 290 kč, straßenbahn: 12, 20, 22 malostranské náměstí

⑨ Die **Insel Kampa** ist eine relativ ruhige Insel, die durch den Teufelsbach vom Festland getrennt ist. Der Na-Kampě-Platz ist von kleinen lebhaften Cafés und Restaurants umgeben, im Süden der Insel hingegen liegt ein ruhiger Park mit vielen Bäumen. Perfekt, um sich von der Hektik der Stadt zu erholen.
insel kampa, straßenbahn: 12, 20, 22 malostranské náměstí

⑬ Der **Petřin-Hügel** ist 318 m hoch und damit einer der höchsten Orte in Prag – ideal für einen relaxten Spaziergang, bei dem Sie die herrliche Aussicht über die Stadt genießen können. Auf dem Weg zum "Eiffelturm" kommen Sie an der Hungermauer (Hladová Zed) vorbei, die von der Újezd bis zur Strahov verläuft. Die Mauer wurde 1362 von armen Bürgern im Tausch gegen Essen errichtet und erhielt so ihren Namen.
petřin-hügel, straßenbahn: 6, 9, 12, 20, 22 újezd

⑰ Für alle, die keine Lust haben, den Petřin-Hügel zu Fuß zu erklimmen, gibt es eine kleine **Bimmelbahn**. Sie können nach zwei Dritteln der Strecke beim Restaurant Nebozízek aussteigen oder bis hoch zur Spitze mitfahren. Übrigens: In der Bimmelbahn können Sie die normalen Tickets für den öffentlichen Nahverkehr benutzen. Vergessen Sie jedoch nicht, Ihr Ticket vor Fahrtantritt abzustempeln.
unten am petřin-hügel, geöffnet: täglich alle 10 bis 15 minuten apr.-okt. 9.00-23.30, nov.-märz 9.00-23.20, preis: 24 kč, straßenbahn: 6, 9, 12, 20, 22 újezd

KAMPA-INSEL ⑨

⑬ PETŘIN-HÜGEL

(18) Auf dem Petřin-Hügel steht der **Petřin-Turm** (Petřínská Rozhledna), der 1891 erbaut wurde. Von dieser Miniaturausgabe des Eiffelturms aus haben Sie einen wunderschönen Blick über Prag.
petřin-hügel, www.petrinska-rozhledna.cz, telefon: 2 57320112, geöffnet: täglich nov.-feb. 10.00-18.00, märz & okt. 10.00-20.00, apr.-sept. 10.00-22.00, eintritt 105 kč, straßenbahn: 6, 9, 12, 20, 22 seminářskou zahradou

(19) Im **Spiegellabyrinth** (Bludiště) auf dem Petřin-Hügel gibt es jede Menge "Lachspiegel". Schauen Sie doch mal, wie Ihr Spiegelbild mit einem Mal lang und schlank wird, und kurz darauf wieder klein und dick. Ein Spaß für Kinder und Erwachsene gleichermaßen!
petřin-hügel, www.petrinska-rozhledna.cz, telefon: 7 24911497, geöffnet: täglich nov.-feb. 10.00-18.00, märz & okt. 10.00-20.00, apr.-sept. 10.00-22.00, eintritt 75 kč, straßenbahn: 6, 9, 12, 20, 22 seminářskou zahradou

Karlsbrücke & Malá Strana

SPAZIERGANG 3 (ca. 7 km)

Los geht's an der Karlsbrücke (1), Altstadt-Seite (2). Überqueren Sie die Brücke, am Ende liegt ein Museum (3). Biegen Sie direkt vor dem großen Bogen rechts ab und folgen Sie der Kurve; Sie landen bei einem Marionettengeschäft (4). Rechts geht's zu einer Bootstour (5). Links neben dem Hotel Certovka können Sie englische Bücher kaufen, ein Museum besuchen und gut essen (6) (7) (8). Gehen Sie zurück und unter der Brücke hindurch weiter Richtung Kampa. Gehen Sie durch Na Kampě (9) und am Fluss entlang zum Kampa Museum (10). Anschließend am Fluss entlang weiter bis zur Brücke und dann nach rechts. Trinken Sie einen Kaffee im Café Savoy (11) oder biegen Sie links und sofort wieder rechts ab in die Plaská zum Café Lounge (12). Biegen Sie rechts ab, um in der Ùjezd anzukommen – Sie stehen am Fuße des Petřin-Hügels (13). Gehen Sie die Ujezd nach rechts. Hier können Sie ins Museum gehen, einkaufen und essen (14) (15) (16). Steigen Sie den Hügel hinauf oder nehmen Sie die Bimmelbahn (17). Orientieren Sie sich an den Schildern, die auf den Petřin-Turm (18) weisen. Rechts neben dem Turm liegt das Spiegellabyrinth (19). Wenn Sie genau gegenüber vom Turm sind und nach unten gehen (halten Sie sich links), kommen Sie zu einer steilen Treppe. Gehen Sie diese hinunter bis zur Kreuzung, an der rechts Parkbänke stehen. Hier biegen Sie links ab. Folgen Sie den Schildern Richtung Strahovský Klášter. Sie kommen am Restaurant Bellavista (20) vorbei und danach am Kloster Strahov mit Bibliothek (21) und Galerie (22) und dem Klášterní Pivovar (23). Es folgt die Miro Galerie (24). Gehen Sie durch das Tor hinaus und dann rechts in die Pohorelec (25). Laufen Sie durch die Loretanská (links halten) weiter hinunter und biegen Sie in der Radnické Schody rechts auf die Treppen ab. Gehen Sie dann über die Nerudova bis zum Malostranské Náměstí Platz. Anschließend rechts um die St.-Nikolaus-Kirche herum (26) (27) und rechts abbiegen in die Mostecká. In der Seitenstraße Karmelitská können Sie das Jesuskind von Prag (28) besichtigen. Gehen Sie dann zurück durch die Karmelitská und biegen Sie links in die Tržiště ab (29) (30). Dann zurück in die Karmelitská und an der Mostecká nach rechts zu vielen kleinen Läden (31) (32). In der Seitenstraße Lázěnská können Sie Ihren Hunger mit einem Bagel stillen (33). Oder Sie gehen weiter in das Viertel hinein zu einem französischen Bistro (34).

0 150 m
SPAZIERGANG 1
SPAZIERGANG 2
SPAZIERGANG 3
SPAZIERGANG 4
SPAZIERGANG 5
Start
Ziel
CHOTKOVY SADY
KRÁLOVSKÁ ZAHRADA
JELENÍ PŘÍKOP
Brusnice
Šternberský palác
Černínský palác
Ledebourský palác
Valdštejnský palác
Malostranská, Metro A
Vojanovy Sady
věž Biskupského dvora
Kafka Museum
Hlavní město Praha - Magistrát h
Muzeum Karlova mostu
Muzeum Bedřicha Smetany
Inspirace
Rubín
KGB Museum
Schönbornský palác
VRTBOVSKÁ ZAHRADA
LOBKOVICKÁ ZAHRADA
STRAHOVSKÁ ZAHRADA
SEMINÁŘSKÁ ZAHRADA
Petřínské bludiště
Újezd (lanovka)
Nebozízek (lanovka)
Petřín (lanovka)
PETŘÍNSKÉ SADY
Divadlo Kampa
Divadlo Na Prádle
Divadlo Viola
Nová scéna Národního Divadla
Národní divadlo
STŘELECKY OSTROV
Vltava (Moldau)
Velký strahovský stadion
KINSKÉHO ZAHRADA
Švandovo
MILADY HORÁKOVÉ
MARIÁNSKÉ HRADBY
PATOČKOVA
JELENÍ
KEPLEROVA
NERUDOVA
ÚVOZ
POHOŘELEC
LORETÁNSKÁ
ÚJEZD
KARLŮV MOST
MOSTECKÁ
MÁNESŮV MOST
MOST LEGIÍ
VANÍČKOVA
NA HŘEBENKÁCH
= Sehenswürdigkeiten
= Essen & Trinken
= Shoppen
= 100 % there

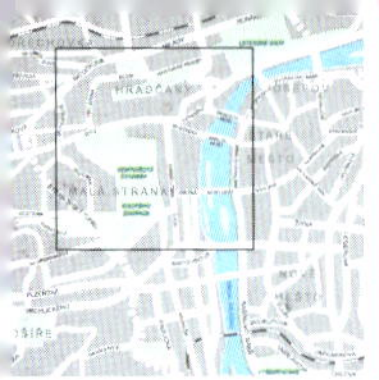

1. Karlsbrücke
2. Altstädter Brückenturm
3. Museum Karla Zemana
4. Marionety Pavel Truhlář
5. Prager Venedig-Tour
6. Shakespeare A Synové
7. Franz Kafka Museum
8. Hergetova Cihelna
9. Insel Kampa
10. Museum Kampa
11. Café Savoy
12. Café Lounge
13. Petřin-Hügel
14. Noi
15. Potten & Pannen Concept Store
16. Tschechisches Musikmuseum
17. Bimmelbahn
18. Petřin-Turm
19. Spiegellabyrinth
20. Bellavista
21. Kloster Strahov
22. Strahov-Galerie
23. Klášterní Pivovar
24. Galerie Miro
25. Loreto-Heiligtum
26. St.-Nikolaus-Kirche
27. Turm der St.-Nikolaus-Kirche
28. Prager Jesuskind
29. U Staré Studny
30. Phase 2 Boutique
31. Manufaktura
32. Blue
33. Bohemia Bagel
34. Cafe de Paris

Jüdisches Viertel

Kontraste: ehemaliges jüdisches Ghetto & schicke Boulevards

Das jüdische Viertel (Josefov) liegt im Norden der Altstadt und beherbergt die Überreste des ehemaligen jüdischen Ghettos. Jahrhundertelang haben hier Juden gewohnt, gelebt und gearbeitet. Das Viertel wurde 1850 nach Kaiser Jozef II. benannt, der dem Stadtteil im Jahre 1781 die gleichen Rechte verlieh, über die andere Prager Stadtteile schon länger verfügten.

Das Viertel wurde im 11. Jahrhundert erbaut, als die jüdischen Einwohner von Prag dazu gezwungen wurden, innerhalb der Ghettomauern zu wohnen. Zeiten von relativer Freiheit und Phasen von Unterdrückung wechselten sich seitdem ab. Überfüllt und heruntergekommen war es jedoch fast immer: Bis zu 18.000 Menschen lebten eng zusammengepfercht in den kleinen Häusern. Ende des 19. Jahrhunderts wurde der größte Teil abgerissen, um ein Viertel mit Pariser Charme zu erbauen. Und tatsächlich: Auf den schicken Boulevards wie der Pařížská mit ihren wunderschönen Jugendstil-Häusern fühlt man sich wie in Frankreich.

4

Von dem ehemaligen Ghetto sind nur sechs Synagogen, der Friedhof und das Rathaus erhalten, die nun Teil des 1906 gegründeten Jüdischen Museums sind. Die Nazis haben diese Gebäude im Zweiten Weltkrieg absichtlich nicht zerstört: Mit den Gegenständen und Kunstwerken, die sie in Synagogen in Böhmen und Mähren in Beschlag genommen hatten, wollten sie hier ein Museum „der ausgestorbenen Rassen" aufbauen. Heute ist dieser Ort ein Mahnmal an die vielen Jahrhunderte der Unterdrückung.

Ein Spaziergang durch das jüdische Viertel mit seinen vielen schönen Gebäuden ist sehr faszinierend. Hier fühlt man die Geschichte, wird aber auch von ganz zeitgemäßen Dingen beeindruckt: Rundum die Dušni Straße gibt es zum Beispiel viele junge tschechische Designerläden, und die Pařížská gilt als die teuerste Einkaufsstraße Prags. Auch abends ist hier eine Menge los. Wie wär's mit einem Dinner in einem hippen kleinen Restaurant oder einem Cocktail in einer gemütlichen Bar in der Dlouhá Straße?

6 Insider-Tipps

Spaziergang

Den Fluss entlang spazieren und Prager Highlights besichtigen.

Jüdischer Friedhof

Jahrhundertealte Gräber ansehen und die Ruhe genießen.

Lokál

Traditionell tschechisch essen mit Blick in die Vergangenheit.

PastaCaffé

Köstliche Pasta probieren.

Rudolfinum

Ein Konzert im schönen Saal erleben.

Pařížská Třída

Sich zu einem Schaufensterbummel aufmachen.

- **Sehenswürdigkeiten**
- **Shoppen**
- **Essen & Trinken**
- **100% there**

Sehenswürdigkeiten

(3) Auf diesem Spaziergang gehören die meisten Sehenswürdigkeiten zum **Jüdischen Museum**. Das Museum wurde 1906 gegründet, um den Schätzen aus den Synagogen, die beim Umbau des Viertels abgerissen wurden, eine neue Unterkunft zu bieten. Die Sammlungen des Museums geben einen guten Einblick in die Geschichte der Prager Juden. Eintrittskarten für alle Sehenswürdigkeiten des Jüdischen Museums sind in der Ceremonial Hall (Obřadní Síň), der Pinkas-Synagoge (Pinkasova Synagóga) und der Spanischen Synagoge (Španělská Synagóga) erhältlich.
maiselova 10, www.jewish-museum.cz, telefon: 2 22317191, geöffnet: alle museumsbereiche apr.-okt. so-fr 9.00-18.00, nov.-märz so-fr 9.00-16.30, an jüdischen feiertagen geschlossen (daten je nach jahr unterschiedlich, infos erhalten sie auf der website des museums), eintritt für alle sehenswürdigkeiten 480 kč, nur Altneu-Synagoge 200 kč, u-bahn: staroměstská

(4) Die ursprüngliche **Maisel-Synagoge** (Maiselova Synagóga) wurde Ende des 16. Jahrhunderts errichtet und diente dem Bürgermeister Mordechai Maisel als Gebetsraum. 1689 wurde die Synagoge bei einem Feuer im Ghetto zerstört und später so wieder aufgebaut, wie man sie heute sieht. In der Synagoge befindet sich eine Ausstellung über die Geschichte der Juden in Böhmen und Mähren vom 10. bis zum 18. Jahrhundert.
maiselova 10, zugang mit einer eintrittskarte des jüdischen museums (3), u-bahn: staroměstská

(5) Die **Altneu-Synagoge** (Staronová Synagóga) wurde um das Jahr 1270 fertiggestellt und ist damit die älteste Synagoge Europas, die noch genutzt wird. Die Synagoge hat seit ihrer Errichtung einige Brände und Belagerungen überstanden. Ihr ursprünglicher Name „Neue Synagoge" wurde nach dem Bau einer weiteren Synagoge verändert. In der Altneu-Synagoge wird noch heute gebetet, Männer müssen daher bei der Besichtigung ihren Kopf bedecken. Kopfbedeckungen sind am Eingang erhältlich.
červená 1, zugang mit einer eintrittskarte des jüdischen museums (3), u-bahn: staroměstská

⑥ Die ursprüngliche **Klausen-Synagoge** wurde zusammen mit zehn weiteren Synagogen 1689 bei einem Ghettobrand zerstört. 1694 wurde die Synagoge im Barockstil wieder aufgebaut und ist heute noch zu besichtigen. Im Inneren des Gebäudes befindet sich der erste Teil der Ausstellung über jüdische Bräuche und Traditionen. Hier erfahren Sie alles über die Rolle der Synagoge im Alltagsleben sowie an Feier- und Festtagen wie Geburt, Bar Mitswa und Hochzeit.
u starého hřbitova 1, zugang mit einer eintrittskarte des jüdischen museums (3), u-bahn: staroměstská

⑦ Die **Ceremonial Hall** (Obřadní Síň) wurde 1911-1912 im pseudoromanischen Stil erbaut und diente als Zeremoniensaal und Leichenhalle. Hier können Sie den zweiten Teil der Ausstellung über jüdische Gebräuche und Traditionen sehen. Hauptthemen sind Krankheit und Tod.
u starého hřbitova 3, zugang mit einer eintrittskarte des jüdischen museums (3), u-bahn: staroměstská

⑩ Im **Museum für angewandte Kunst** (Uměleckoprůmyslové museum) kann man Designerstücke aus früheren Zeiten bestaunen. Die Sammlung umfasst unter anderem viele verzierte Glocken und Gläser. Oft gibt es bemerkenswerte Sonderausstellungen mit neueren Designgegenständen.
17. listopadu 2, www.upm.cz, telefon: 2 51093111, geöffnet: di 10.00-19.00, mi-so 10.00-18.00, eintritt: museum + temporäre ausstellung 120 kč, nur temporäre ausstellung 80 kč, u-bahn: staroměstská

⑬ Die **Pinkas-Synagoge** (Pinkasova Synagóga) aus dem Jahr 1535 wurde nach dem Zweiten Weltkrieg in einen Erinnerungsort für die tschechischen Juden umgewandelt, die in Theresienstadt und anderen Konzentrationslagern ums Leben kamen. Die Namen der fast 80.000 Opfer sind an die Mauern der Synagoge geschrieben. Im oberen Stockwerk gibt es eine Dauerausstellung mit Zeichnungen von Kindern aus Theresienstadt. Ergreifend und sehr traurig.
široká 3, zugang mit einer eintrittskarte des jüdischen museums (3), u-bahn: staroměstská

MUSEUM FÜR ANGEWANDTE KUNST ⑩

③ JÜDISCHES MUSEUM

⑭ Auf dem **jüdischen Friedhof** (Starý Židovský Hřbitov) aus dem 15. Jahrhundert stehen 12.000 Grabsteine. Der älteste ist von Avidor Karo (1439), der jüngste von Moses Beck (1787). Aus Platzmangel wurden die Toten in mehreren Schichten übereinander begraben. Dieser Ort hinterlässt einen bleibenden Eindruck!
široká 3, zugang mit einer eintrittskarte des jüdischen museums (3), u-bahn: staroměstská

㉒ 1955 wurde auf einem Hügel über Prag nach fünfeinhalb Jahren Bauzeit das größte Stalin-Monument der Welt enthüllt. Es stand dort nur kurze Zeit, denn sieben Jahre später wurde es wieder gesprengt. Heute tickt auf dem alten Fundament des Denkmals ein riesiges **Metronom** als Erinnerung an die Vergangenheit.
letenské sady, straßenbahn: 5,17 čechův most

㉕ Die **Spanische Synagoge** (Španělská Synagóga) wurde 1868 im maurischen Stil erbaut. Die Gestaltung der Fassade erinnert an die Alhambra in Spanien – daher auch der Name. In dem Gebäude informiert eine Ausstellung über die Geschichte der tschechischen jüdischen Gemeinschaft – von der Aufklärung über ihre Emanzipation bis zur Gegenwart. Diese Ausstellung bildet die Fortsetzung der Ausstellung in der Maisel-Synagoge.
vězeňská 1, telefon: 2 22749211, zugang mit einer eintrittskarte des jüdischen museums (3), u-bahn: staroměstská

㉜ Das **St.Agnes-Kloster** (Klašter Sv. Anežky Česke) wurde 1234 von König Wenzel I. für die Klarissen gegründet, und seine Schwester Agnes war dort die erste Äbtissin. Von 1782 an stand das Kloster leer; erst in den 60er Jahren wurde es wieder liebevoll restauriert. Heute befindet sich ein Teil der Nationalgalerie in dem Kloster. Neben der Ausstellung über mittelalterliche Kunst in Böhmen und Zentraleuropa gibt es häufig sehenswerte Sonderausstellungen.
u milosrdných 17, www.ngprague.cz, telefon: 2 24810628, geöffnet: di-so 10.00-18.00, eintritt: 150 kč, u-bahn: náměstí republiky, staroměstská, straßenbahn: 5, 8, 14 dlouhá třída

Trinken

Sie Ihren Tag im freundlichen, hellen **Mistral Café**. Auf der …skarte finden Sie unter anderem Pfannkuchen mit Marmelade und Sc…denteilchen, Brioche oder Joghurt mit Cornflakes und frischem Obst. Auch Mittag- und Abendessen schmecken hier ausgezeichnet.
valentinská 11, www.mistralcafe.cz, telefon: 2 22317737, geöffnet: täglich 9.00-23.00, preis: frühstück 100 kč, abendessen 200 kč, u-bahn: staroměstská

(2) Mojitos, Cuba Libre, karibische Klänge ... im kubanischen Restaurant **La Bodeguita del Medio** fühlt man sich direkt wie in Havanna. Und um Ihr Abendessen mit Stil abzurunden, wählen Sie aus dem großen Zigarrenmenü Ihren Lieblings-Paffer.
kaprová 5, www.labodeguitadelmedio.cz, telefon: 2 24813922, geöffnet: di-sa 11.00-4.00, so-mo 11.00-2.00, preis: 400 kč, u-bahn: staroměstská

(9) Die besten Miesmuscheln der Stadt gibt es bei **Les Moules**. Die belgische Brasserie schenkt 35 belgische und zwei tschechische Biersorten aus. Lecker: die Spezialitäten und Desserts mit belgischer Schokolade.
pařížská 19, www.lesmoules.cz, telefon: 2 22315022, geöffnet: täglich 11.30-0.00, preis: 400 kč, u-bahn: staroměstská

(15) Fahrrad heißt auf Tschechisch *kolo*, und die Einrichtung des Restaurants **Kolonial** dreht sich rund um das Thema Fahrrad. Antike Räder stehen dort, alte Fahrradwerbung hängt an der Wand und die Barhocker sind aus Fahrradrahmen gebastelt, mit echten Pedalen und altmodischem Brooks-Sattel. Das Restaurant öffnet früh, Sie können also zum Frühstück, Mittag- und Abendessen hereinschauen. Oder einfach auf ein Bier.
široká 6, www.kolonialpub.cz, telefon: 2 24818322, geöffnet: mo-fr 8.00-0.00, sa-so 9.00-0.00, preis: 250 kč, u-bahn: staroměstská

(16) Mitten im jüdischen Viertel liegt das älteste Restaurant von Prag, das koscheres Essen anbietet: **King Solomon**. Suchen Sie sich im Wintergarten oder im gotischen Gewölbe einen schönen Platz! Auf der Karte stehen koschere Gerichte mit Lammfleisch, Ente und Wild.
široká 8, www.kosher.cz, telefon: 2 24818752, geöffnet: so-do 12.00-23.00, fr 12.00-17.00, sa 12.00-23.00, preis: 600 kč, u-bahn: staroměstská

LA BODEGUITA DEL MEDIO ②

⑲ Das **Barock** ist das Mekka für alle Sushi- und Sashimi-Liebhaber. Das klare, orangenfarbene Design mit Postern von tschechischen Models an der Wand hinterlässt genau wie die Bedienung einen sehr stilvollen Eindruck.
pařížská 24, www.barockrestaurant.cz, telefon: 2 22329221, geöffnet: täglich 10.00-1.00, preis: 550 kč, u-bahn: staroměstská

㉔ Der Chefkoch von **La Veranda**, Radek David, hat schon viele Preise gewonnen, unter anderem wurde er zum „Chefkoch des Jahres" gekrönt. Die Zutaten für die saisonalen Menüs kommen von kleinen tschechischen Bauernhöfen. Im oberen Stockwerk geht es locker zu, im unteren Stockwerk und in der Weinbar ist die Atmosphäre etwas intimer.
elišky krásnohorské 2, www.laveranda.cz, telefon: 2 24814733, geöffnet: mo-sa 12.00-0.00, preis: 500 kč, u-bahn: staroměstská

(29) Two in one: Das **Nostress** ist sowohl Galerie als auch Café. Hier gibt es französische und thailändische Spezialitäten, und nach dem Essen können Sie auch noch shoppen: Es werden allerlei schöne, kleine Dinge sowie Einrichtungsgegenstände und sogar Kaffeemaschinen angeboten.
dušni 10 (eingang v kolkovně), www.nostress.cz, telefon: 2 22317007, geöffnet: täglich 10.00-0.00, preis: 350 kč, u-bahn: staroměstská

(30) Mindestens einmal sollten Sie in Prag richtig tschechisch essen gehen. Tipp: das **Kolkovna**. Probieren Sie eine deftige tschechische Suppe, Gulasch, gegrilltes Fleisch oder gegrillte Ente mit Kohl. Unbedingt reservieren!
v kolkovně 8, www.vkolkovne.cz, telefon: 2 24819701, geöffnet: täglich 11.00-0.00, preis: 200 kč, u-bahn: staroměstská

(31) Wenn Sie Lust auf Nudeln haben, gehen Sie am besten ins **PastaCaffé** und bestellen Sie eine Pasta mit Lachs, Rucola und Limone. Wundern Sie sich nicht über das Sprachgewirr: Im Sommer treffen sich hier viele Ausländer, die in Prag arbeiten.
vězeňská 1, pastacaffe-vezenska.ambi.cz, telefon: 2 24813257, geöffnet: mo-sa 8.00-22.00, so 10.00-22.00, preis: 175 kč, u-bahn: staroměstská

(33) Gibt es etwas zu feiern? Das Toprestaurant **La Degustation Bohême Bourgeoise** serviert jeden Tag ein anderes siebengängiges Menü. Alle Gerichte bereitet Chefkoch Oldřich Sahajdák aus sorgfältig ausgewählten Bio-Produkten zu. Möchten Sie gerne ein paar Gerichte probieren, aber das ganze Menü ist Ihnen einfach zu teuer? Dann können Sie zur Mittagszeit vorbeikommen, oder um 18.00 und 22.00 Uhr ein viergängiges pre-théâtre Menü bestellen.
haštalská 18, www.ladegustation.cz, telefon: 2 22311234, geöffnet: täglich 18.00-0.00, preis: menu 2500 kč, u-bahn: náměsti republiky

(34) Seit der Eröffnung im Jahr 2010 ist das **Lokál** eines der beliebtesten Restaurants Prags. Eine moderne Interpretation eines kommunistischen Restaurants – originalgetreu bis zu den stilechten Gardinen, den ins Holz gekratzten Graffitis und den orangefarbenen Lampen. Auf der täglich wechselnden Karte stehen tschechische Klassiker wie in Butter gebratenes Schnitzel mit Kartoffelsalat. Unbedingt vorbeischauen, aber vorher reservieren!
dlouhá 33, lokal-dlouha.ambi.cz, telefon: 2 22316265, geöffnet: mo-fr 11.00-1.00, sa 12.00-1.00, so 12.00-2.00, preis: 200 kč, u-bahn: náměsti republiky

35 Die Tschechen sind bekannt für ihren Bierkonsum, und jede Region hat ihre eigene Brauerei. Wenn Sie gerne mal ein paar regionale Biere probieren möchten, sollten Sie das **Prague Beer Museum** besuchen. Erwarten Sie bitte keine alten Brauereikessel, Kupferleitungen oder Führungen. Dieses Museum ist eine ganz gewöhnliche Bar, mit dem Unterschied, dass hier dreißig, immer wieder wechselnde, regionale Biere ausgeschenkt werden. *dlouhá 46, www.praguebeermuseum.com, geöffnet: täglich 12.00-3.00, preis: 50 kč, u-bahn: náměsti republiky*

Shoppen

(8) In der Straße **U Starého Hřbitova** finden Sie allerlei kleine Läden und Stände, an denen Sie Souvenirs kaufen können. Hier gibt es unter anderem kleine Malereien, Mucha-Magnete und Schneekugeln, aber auch jüdische Kopfbedeckungen sowie Schmuck.
u starého hřbitova, u-bahn: staroměstská

(17) Bei **Galex** gibt es Lederhandschuhe in allen Farben des Regenbogens sowie wunderschön bemalte Ledertaschen und Portemonnaies. Passend dazu gibt es natürlich auch die Schuhe. Ein Tipp für alle Fashionistas!
maiselova 12, www.galex.cz, telefon: 2 34257620, geöffnet: mo-fr 9.00-18.00, sa-so 10.00-17.00 (feb. so geschlossen), u-bahn: staroměstská

(18) Was der Kudamm für Berlin ist, ist die **Pařížská Třída** für Prag. In der – auch Pariser Boulevard genannten – Einkaufsstraße wechseln sich Schmuck- und Kristallgeschäfte sowie Luxus-Boutiquen ab. Unter anderem sind hier Hugo Boss, Dunhill und Calvin Klein vertreten.
pařížská, u-bahn: staroměstská

(20) Der **DreamHouse Living Concept Store** ist für seine wundervoll gestalteten Schaufenster bekannt, aber auch drinnen gibt es viel zu sehen. Im Showroom treffen Inneneinrichtung, Kunst, Design und Mode aufeinander, und regelmäßig werden Events organisiert, von Buchpräsentationen über Modenschauen bis zum modernen Weihnachtsmarkt.
parižská 21, www.dreamhouse.cz, geöffnet: mo-fr 10.00-14.00 & 16.00-20.00, u-bahn: staroměstská

(23) **La Gallery Novesta** ist der Concept-Store der slowakischen Sportschuhmarke Novesta. Neben handgefertigten Sportschuhen und Designerstiefeln aus der eigenen Kollektion werden Kleider und Accessoires tschechischer und slowakischer Designer verkauft. Und natürlich darf die Ciccone Collection nicht fehlen, Novestas Schuh-Linie aus der Feder von Madonnas Bruder Christopher Ciccone.
elišky krásnohorské 9, www.facebook.com/LaGalleryNovesta, geöffnet: mo-fr 11.00-19.00, sa 11.00-18.00, u-bahn: staroměstská

23

NOVESTA
LA GALLERY NOVESTA
23

23

(26) Im Einrichtungsgeschäft **Le Patio** kann man sich nicht sattsehen an all den schönen Gegenständen für zu Hause. Überall ist etwas zu entdecken: Holz-Tabletts aus Indien, Lampen aus Marokko, Schalen aus Tschechien, Raumdüfte aus Frankreich und sogar Kristallstücke vom Hof-Designer des Buckingham Palace – was darf es sein?
dušní 8, www.lepatiolifestyle.com, telefon: 2 22310310, geöffnet: mo-sa 10.00-19.00, so 11.00-19.00, u-bahn: staroměstská

(27) **Boheme**, so heißt das Geschäft der Designerin Hana Stocklassová. Nach ihrem Studium in Prag hat sie auch ein Jahr an der Akademie für Design und Kunsthandwerk in Göteborg (Schweden) studiert. An ihrer wunderbar minimalistischen Kollektion ist das deutlich erkennbar: gute Qualität, tragbar und zeitlos.
dušni 8, www.boheme.cz, telefon: 2 24813840, geöffnet: mo-fr 11.00-19.00, sa 11.00-17.00, u-bahn: staroměstská

(28) Die Boutique **Tatiana** möchte mit ihren sexy, kreativen und spielerischen Entwürfen die weiblichen Formen betonen. Hier gibt es allerdings nicht nur Kleidung, sondern auch schöne Accessoires.
dušní 1, www.tatiana.cz, telefon: 6 05257191, geöffnet: mo-fr 10.00-19.00, sa 11.00-16.00, u-bahn: staroměstská

(36) Eine Gruppe von Freunden hat das **Kuráž** eröffnet, um Designern, die am Anfang ihrer Karriere stehen, einen Raum für den Verkauf ihrer Produkte zu bieten. Ein Muss, wenn man etwas Originelles sucht: wundervolle handgemachte Ledertaschen, Designerseife, T-Shirts und Schmuck, aber auch Charity Gums – Kaugummis in einzigartigen Limited-Edition-Verpackungen, von deren Erlös ein Teil für gute Zwecke gespendet wird.
benediktská 7, www.kuraz.cz, telefon: 6 08449804, geöffnet: mo-fr 11.00-19.00, sa 11.00-16.00, u-bahn: náměsti republiky

KURÁŽ 36

⑪ RUDOLFINUM

100% there

(11) Einer der schönsten Orte, um sich ein klassisches Konzert anzuhören, ist die Dvořák Halle im **Rudolfinum**, in dem das tschechische Philharmonieorchester seit 1946 seinen Hauptsitz hat. Das Gebäude wurde 1876-1884 im Neurenaissance-Stil erbaut. Von 1918 bis 1939 sowie von 1945 bis 1946 hatte das Parlament hier seinen Sitz.
alšovo nábreži 12, www.ceskafilharmonie.cz, telefon: 2 27059227, geöffnet: kasse geöffnet mo-fr 10.00-18.00 und 1 stunde vor beginn (an feiertagen und am wochenende 2 stunden), u-bahn: staroměstská

(12) Vor dem Rudolfinum kann man wunderschön **am Fluss entlang spazieren**. Laufen Sie ein Stück nach links und genießen Sie die herrliche Aussicht auf die Prager Burg, die Malá Strana und die belebte Karlsbrücke. Hier gibt es auch ein paar Parkbänke, auf denen Sie sich ausruhen können.
alšovo nábreži, u-bahn: staroměstská

(21) Buchen Sie eine Fahrt auf dem **Jazzboat**, genießen Sie den herrlichen Blick auf das magisch erleuchtete Prag bei gutem Jazz oder Blues und bestellen Sie dazu Getränke oder ein Drei-Gänge-Menü. Jeden Tag treten andere Künstler auf, die Webseite gibt Ihnen einen Vorgeschmack.
nástupiště 5 (gate 5), bei čechův brücke, www.jazzboat.cz, telefon: 7 31183180, geöffnet: an bord gehen 20.00, abfahrt 20.30, dauer 2,5 std., preis: ticket 590 kč, ticket inklusive dinner 980 kč, u-bahn: staroměstská, straßenbahn: 17 právnická fakulta

(37) Entspannung erwünscht nach einem anstrengenden Tag in Prag? Dann nehmen Sie doch mal ein Bierbad im **Pivní Lázně BBB**! Zuerst gibt es im Holzzuber ein Massagebad mit Kräutern, Gerstenextrakt und Hopfen, das „optimale Entspannung und seidenglatte Haut" verspricht. Während des Bades können Sie sich soviel Bier zapfen, wie Sie wollen. Danach ruhen Sie sich noch eine Weile auf dem Strohbett aus, bevor es ganz erfrischt wieder nach draußen geht.
masná 5, www.pivnilaznebbbpraha.cz, telefon: 2 22316742, preis: 1 person 1900 kč, 2 personen 2500 kč, u-bahn: náměsti republiky

Jüdisches Viertel

SPAZIERGANG 4 (ca. 4 km)

Machen Sie diesen Spaziergang am besten nicht an einem Samstag, denn dann sind alle jüdischen Sehenswürdigkeiten geschlossen. An der U-Bahn-Station Staroměstská nehmen Sie den Ausgang Kaprova links von der Rolltreppe. Links in der Valentinská gibt es Frühstück (1). Gehen Sie nach rechts in die Kaprova und reservieren Sie einen Tisch für den Abend (2). Anschließend weiter bis zum Náměstí Franze-Kafky-Platz. Hier biegen Sie links ab (3) (4), dann geradeaus weiterlaufen zur Altneu-Synagoge (5). Anschließend links in die U Starého Hřbitova zur Klausen-Synagoge (6) und zur Ceremonial Hall (7). In dieser Straße gibt es viele Souvenirläden (8). Laufen Sie die Straße weiter zum Restaurant Les Moules (9). Gehen Sie links durch die Břehová und dann links in die Straße 17. Listopadu. Besuchen Sie das Kunstgewerbemuseum (10) und besorgen Sie sich eine Konzertkarte (11). Gehen Sie am Fluss entlang (12), dann links in die Široká zum Rudolfinum. Hier befinden sich auch die Pinkas-Synagoge (13) und der Jüdische Friedhof (14). Verlassen Sie den Friedhof wieder durch den Eingang. Lunchen Sie beim Le Café Colonial (15) oder bei King Solomon (16). Schicke Handschuhe gibt es bei Galex (17). Gehen Sie nach links in die teure Einkaufsstraße Pařížská Třida (18) (19), spazieren Sie bis zum Ende für die schöne Auslage des Dreamhouse (20); reservieren Sie einen Platz auf dem Jazzboat (21) und besichtigen Sie das Metronom (22). Anschließend zurückgehen und links in die Bílkova. Biegen Sie dann rechts in die Elišky Krásnohorské ein (23) (24). Gehen Sie am Ende links Richtung Spanische Synagoge (25). Für Designershops geht es an der Kreuzung rechts in die Dušní (26) (27) (28). Sie können auch in die V Kolkovné gehen, um etwas zu essen (29) (30). Oder Sie biegen an der Kreuzung links in die Vězeňska ab (31). Gehen Sie dann links in die kleine Straße Kozí. Biegen Sie an der U Milosrdných rechts ab. Diese Straße führt zum St.-Agnes-Kloster mit der Nationalgalerie (32). Gehen Sie dann um die Ecke an einer Kirche vorbei. Hier können Sie schick zu Abend essen (33). Gehen Sie links und sofort rechts in die Rybná weiter bis zur Dlouhá. Biegen Sie links ab für ein Bier oder um etwas zu essen (34) (35), und danach zwei Mal rechts. Kaufen Sie bei Kuraz (36) einmalige Designobjekte. Anschließend links die Benediktská und die Masná hinunter, um sich mit einem Bierbad (37) zu verwöhnen.

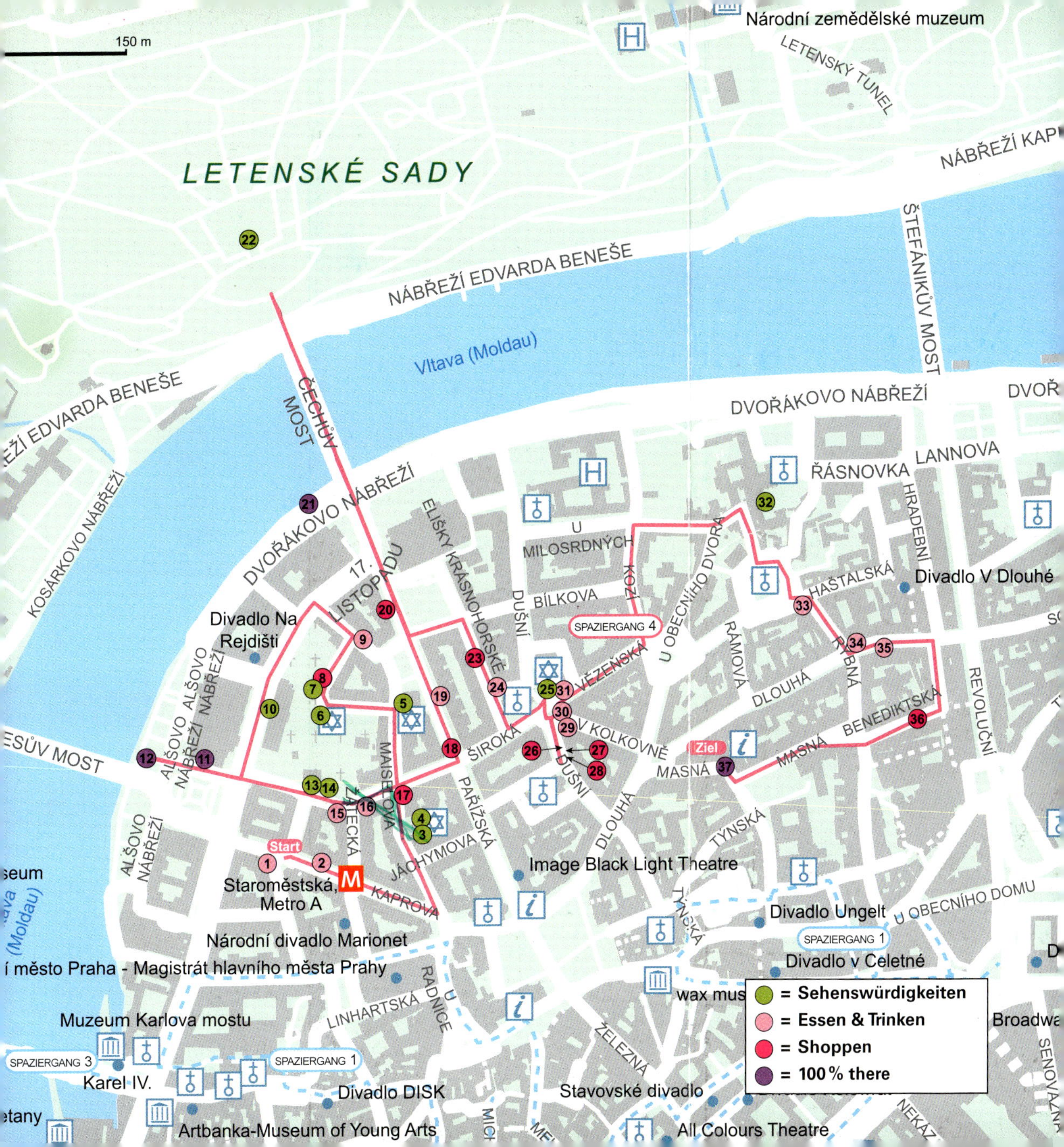
150 m
Národní zemědělské muzeum
LETENSKÝ TUNEL
LETENSKÉ SADY
NÁBŘEŽÍ KAPI
ŠTEFÁNIKŮV MOST
NÁBŘEŽÍ EDVARDA BENEŠE
Vltava (Moldau)
ČECHŮV MOST
DVOŘÁKOVO NÁBŘEŽÍ
DVOŘ
ŘÁSNOVKA
LANNOVA
U MILOSRDNÝCH
ELIŠKY KRÁSNOHORSKÉ
17. LISTOPADU
KOSÁRKOVO NÁBŘEŽÍ
Divadlo Na Rejdišti
ALŠOVO NÁBŘEŽÍ
DUŠNÍ
BÍLKOVA
KOZÍ
U OBECNÍHO DVORA
HAŠTALSKÁ
HRADEBNÍ
Divadlo V Dlouhé
SPAZIERGANG 4
VĚZEŇSKÁ
RÁMOVÁ
RYBNÁ
DLOUHÁ
BENEDIKTSKÁ
REVOLUČNÍ
ŠIROKÁ
V KOLKOVNĚ
MASNÁ
Ziel
MAISELOVA
ŽATECKÁ
PAŘÍŽSKÁ
JÁCHYMOVA
TÝNSKÁ
Start
Staroměstská, Metro A
KAPROVA
Image Black Light Theatre
Národní divadlo Marionet
Divadlo Ungelt
U OBECNÍHO DOMU
SPAZIERGANG 1
Divadlo v Celetné
í město Praha - Magistrát hlavního města Prahy
LINHARTSKÁ
U RADNICE
wax mus
Muzeum Karlova mostu
SPAZIERGANG 3
Karel IV.
Divadlo DISK
ŽELEZNÁ
Stavovské divadlo
Artbanka-Museum of Young Arts
All Colours Theatre
Broadwa
SENOVÁŽNÉ
NEKÁZ
= Sehenswürdigkeiten
= Essen & Trinken
= Shoppen
= 100 % there

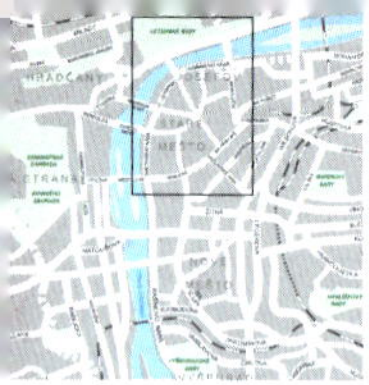

1. Mistral Café
2. La Bodeguita del Medio
3. Jüdisches Museum
4. Maisel-Synagoge
5. Altneu-Synagoge
6. Klausen-Synagoge
7. Ceremonial Hall
8. U Starého Hřbitova
9. Les Moules
10. Museum für angewandte Kunst
11. Rudolfinum
12. Am Fluss entlang spazieren
13. Pinkas Synagoge
14. Jüdischer Friedhof
15. Kolonial
16. King Solomon
17. Galex
18. Pařížská Třída
19. Barock
20. DreamHouse Living Concept Store
21. Jazzboat
22. Metronom
23. La Gallery Novesta
24. La Veranda
25. Spanische Synagoge
26. Le Patio
27. Boheme
28. Tatiana
29. Nostress
30. Kolkovna
31. PastaCaffé
32. St.-Agnes-Kloster
33. La Degustation Bohême Bourgeoise
34. Lokál
35. Prague Beer Museum
36. Kuráž
37. Pivní Lázně BBB

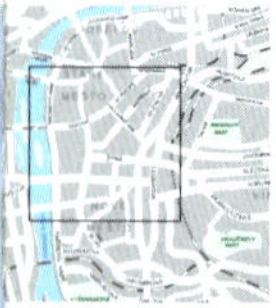

Neustadt

Jugendstil-Architektur und Symbole des Widerstands

Die Neustadt (Nové Město) ist gar nicht so neu, wie ihr Name vermuten lässt. Dieser Stadtteil wurde bereits 1348 im Auftrag von Karl IV. erbaut, um das historische Zentrum der Stadt zu entlasten. Die Neustadt sollte doppelt so groß werden wie die bestehende Altstadt und von zwei, jeweils 27 m breite Hauptstraßen durchzogen werden. Dies war das bedeutendste Stadtplanungs-projekt des Mittelalters! Lange Zeit war der Karlsplatz (Karlovo Náměstí) dann auch der größte Platz Europas. Die ihn umgebende Neustadt wurde schnell zu einem wichtigen Handelszentrum, Treffpunkt vieler Händler und Handwerker.

Die meisten historischen Gebäude mussten im 19. und zu Beginn des 20. Jahrhunderts Neubauten weichen. Daher zeigt sich das Viertel heute im prächtigen Jugendstil sowie im neogotischen Stil. In den letzten Jahren wurde glücklicherweise viel restauriert und es lohnt sich, einen Blick nach oben auf die beeindruckenden Fassaden zu werfen.

5

Die Neustadt ist ein lebendiger Stadtteil mit vielen Hotels, Restaurants, Theatern, Geschäften und unterirdischen Einkaufspassagen. Einige dieser Einkaufspassagen sind riesengroß und bestehen aus mehreren Gängen. Gehen Sie einfach mal hinein und lassen Sie sich von dem historischen Flair und der Vielfalt an Geschäften, Restaurants, Bars und Kinos überraschen.

Der Wenzelsplatz ist das Herz der Neustadt. Die breite Straße mit ihren vielen Häusern aus dem späten 19. Jahrhundert führt vom Nationalmuseum bis zur Altstadt. Im Mittelalter fand hier ein Pferdemarkt statt, doch auch in der neueren Geschichte spielt dieser Platz eine wichtige Rolle. 1918 wurde hier die Gründung der Tschechischen Republik gefeiert, und 1969 zündete sich der Student Jan Palach auf dem Platz an, um gegen den Kommunismus zu protestieren. 1989 begann hier die Samtene Revolution, die letztendlich zum Fall des Kommunismus in der Tschechoslowakei führte. Von den Treppen vor dem Nationalmuseum haben Sie eine tolle Aussicht auf den Wenzelsplatz!

6 Insider-Tipps

Bootstour

Entspannt mit dem Boot auf der Moldau fahren.

Globe Bookstore & Coffeehouse

Ein Frühstück mit Smoothie genießen – alles biologisch.

Nationaltheater

Eine Opern- oder Ballettaufführung erleben.

Wenzelsplatz

Über den historischen Boulevard spazieren.

Cukrárna Myšák

Kaffee und Kuchen im legendären Café probieren.

Tanzendes Haus

Postmoderne Architektur von Frank Gehry bestaunen.

- **Sehenswürdigkeiten**
- **Shoppen**
- **Essen & Trinken**
- **100% there**

Sehenswürdigkeiten

(1) Das **Tanzende Haus** (Tančící Dům) ist eines der auffälligsten Gebäude in der Stadt. Das Bürogebäude wurde 1996 nach einem Entwurf des Architekten Frank Gehry verwirklicht, der unter anderem auch das berühmte Guggenheim-Museum in Bilbao entworfen hat. Das Gebäude wird oft mit dem tanzenden Filmpaar Fred Astaire und Ginger Rogers verglichen, denn die in Glas gehüllte "Frau" scheint sich an den "männlichen" Turm zu schmiegen. Im 7. Stockwerk befindet sich das französische Restaurant Céleste, von welchem aus man eine herrliche Aussicht auf die Malá Strana und die Prager Burg hat.
rašínovo nábřeží 80, www.celesterestaurant.cz, telefon: 2 21984160, geöffnet: mo-sa 12.00-14.30 & 18.30-0.00, eintritt: 750 kč, straßenbahn: 17, 21 jiráskovo náměstí

(16) Das gotische **Neustädter Rathaus** (Novoměstská Radnice) auf dem Karlsplatz (Karlovo Náměstí) hat einen prächtigen Giebel, ist aber vor allem wegen seiner turbulenten Geschichte berühmt. Der Anführer der Hussiten, Jan Želivský, und seine Anhänger stürmten am 30. Juli 1419 das Rathaus, um die Freilassung der Gefangenen zu fordern. Als sie damit keinen Erfolg hatten, warfen sie die katholischen Stadträte einfach aus dem Fenster. Ihre Tat ging als "erster Prager Fenstersturz" in die Geschichtsbücher ein. Im Rathaus gibt es eine Galerie. Und wer Lust hat, kann über 221 Treppenstufen den Turm besteigen.
karlovo náměstí, www.nrpraha.cz, telefon: 2 24948225, geöffnet: di-so 10.00-18.00, eintritt: 50 kč, u-bahn: karlovo náměstí

(17) Der **Karlsplatz** (Karlovo Náměstí) ist der größte Platz in Prag. Eigentlich ist er eher eine Art Park, in dem man der Hektik der belebten Stadt entfliehen kann. In der Gegend gibt es viele Universitätsgebäude sowie Statuen berühmter Schriftsteller und Gelehrter.
karlovo náměstí, u-bahn: karlovo náměstí, straßenbahn: 3, 6, 14, 18, 20, 22, 23, 24 karlovo náměstí

33 NATIONALMUSEUM

(25) Der 600 Jahre alte **Wenzelsplatz** (Václavské Náměstí) war früher ein Pferdemarkt. Mittlerweile ist er Verkehrsknotenpunkt, Mittelpunkt der Neustadt und Symbol des tschechischen Widerstands gegen den Kommunismus. Hier zündete sich im Jahr 1969 der 21-jährige Student Jan Palach an, um die aussichtslose Situation des Landes in das Bewusstsein der Menschen zu rufen. Jedes Jahr findet an diesem Platz eine Gedenkfeier für ihn statt. Im November 1989, kurz vor den Wahlen, erschien Václav Havel auf dem Balkon des Melantrich-Gebäudes (Nr. 36), um das Ende des Kommunismus zu verkünden. Der Wenzelsplatz erinnert eher an einen Boulevard als einen Platz. Er wird gesäumt von vielen Restaurants, Geschäften und Diskotheken.
václavské náměstí, u-bahn: můstek

(29) Das **Mucha-Museum** existiert seit 1998 und stellt Werke des Künstlers Alfons Mucha aus, einer der berühmtesten Künstler der Art-nouveau-Periode. Sein graphischer Stil wurde vor allem durch einen Plakatentwurf für ein Theaterstück mit Sarah Bernhardt bekannt. 1910 kehrte er aus Paris nach Prag zurück, wo er Briefmarken und Geldscheine entwarf. Viele seiner Entwürfe sind heute im Museum zu sehen. Besuchen Sie unbedingt den Museumsshop, denn dort gibt es schöne Postkarten, Kalender und Poster.
panská 7, www.mucha.cz, telefon: 2 21216415, geöffnet: täglich 10.00-18.00, eintritt: 180 kč, u-bahn: můstek

(33) Das **Nationalmuseum** (Národní Muzeum), direkt am Wenzelsplatz, ist ein monumentales Bauwerk aus dem Jahr 1890 und wurde von Josef Schulz entworfen. Die Museumssammlung besteht aus vielen geologischen und zoologischen Schätzen, aber noch schöner sind die Einrichtung und der fantastische Blick auf den Wenzelsplatz. Vor dem Museum steht eine Figur des St. Wenzel, des Schutzheiligen von Böhmen.
václavské náměstí 68, www.nm.cz, telefon: 2 24497111, geöffnet: täglich 10.00-18.00, jeden ersten mi im monat 10.00-20.00, hauptgebäude bis juni 2015 geschlossen, neues haus (neben dem hauptgebäude) geöffnet, eintritt: 110 kč, u-bahn: muzeum

Essen & Trinken

(4) Im **Globe Bookstore & Coffeehouse** kann man gebrauchte englischsprachige Bücher kaufen und wunderschön im Café im hinteren Ladenbereich sitzen. Genießen Sie hier leckere Smoothies und köstliches Lunch. Das biologisch angebaute Obst und Gemüse stammt von Höfen aus der Region.
pštrossova 6, www.globebookstore.cz, telefon: 2 24934203, geöffnet: mo-fr 9.30-0.00, sa-so 9.30-1.00, preis: 150 kč, u-bahn karlovo náměstí

(5) Das futuristische Restaurant **Dynamo** wurde von jungen tschechischen Designern eingerichtet. In kreativer Atmosphäre genießt man internationale Gerichte sowie tschechische Klassiker.
pštrossova 220, www.dynamorestaurace.cz, telefon: 2 24932020, geöffnet: täglich 11.00-23.00, preis: 250 kč, u-bahn: národní třída

(8) Direkt gegenüber vom Nationaltheater liegt das Literatur-Café **Kavárna Slavia**. Der ehemalige Präsident Václav Havel war hier ein gern gesehener Stammgast. Am Abend kommen die Theaterbesucher nach der Aufführung vorbei, um noch etwas zu trinken.
smetanovo nábřeží 1012, www.cafeslavia.cz, telefon: 2 24218493, geöffnet: mo-fr 8.00-0.00, sa-so 9.00-0.00, preis: 60 kč, u-bahn: národní třída, straßenbahn: 6, 9, 18, 22 národní divadlo

(14) Das **Café Louvre** ist bei den Pragern äußerst beliebt. Im Jahr 2002 feierte es seinen 100. Geburtstag. Es wat Treffpunkt vieler illustrer Gäste – von Einstein bis Kafka – alle waren sie hier. Trinken Sie einen Cappuccino und vergessen Sie nicht, sich auch das Billardzimmer anzusehen.
národní 22, www.cafelouvre.cz, telefon: 2 24930949, geöffnet: mo-fr 8.00-23.30, sa-so 9.00-23.30, preis: 200 kč, u-bahn: národní třída, straßenbahn: 6, 9, 18, 22 národní třida

(18) Im **Mamacoffee** leben Sie bei einer Tasse frisch geröstetem Fair-Trade-Kaffee oder-Tee wieder auf. Bestellen Sie dazu etwas von den himmlischen Torten, Brownies oder Quiches, dann sind Sie wieder zu allem bereit.
vodičkova 6, www.mama-cafe.cz, telefon: 7 73337309, geöffnet: mo-fr 8.00-22.00, sa-so 10.00-22.00, preis: 150 kč, u-bahn: karlovo náměstí, straßenbahn: 3, 9, 14, 24 vodičkova

Take away
soups
I love You...
...you love me
We LOVE soup
28

18

ROZLÉVANÁ VÍNA
nabídka dne
18

(20) Nachdem es beinahe zwanzig Jahre geschlossen war, öffnete das legendäre **Cukrárna Myšák** 2008 erneut seine Türen. Komplett im Stil der 20er-Jahre gehalten, bekommt man hier den ganzen Tag über köstliches Gebäck, Eis und Desserts. Die Konditoren auf der ersten Etage stellen wahre Kunstwerke her, und der Kaffee soll einer der besten Kaffees von ganz Prag sein.
vodičkova 31, www.mujmysak.cz, telefon: 7 34898607, geöffnet: mo-fr 9.00-20.00, sa-so 10.00-20.00, preis: 75 kč, u-bahn: můstek, straßenbahn: 3, 9, 14, 24 václavské náměstí

(26) Wer hungrig ist, kann sich an den **Wurstständen** am Wenzelsplatz Tag und Nacht mit leckeren Wurstspezialitäten versorgen. Probieren Sie eine Bratwurst oder ein typisch tschechisches Brötchen mit gebackenem Käse und Tatar. Besonders abends ist es hier ziemlich voll.
václavské náměstí, geöffnet: wechselnde öffnungszeiten, preis: 50 kč, u-bahn: můstek

(27) Das Teehaus **Dobrá Čajovná** ist eine wahrer Ruhepunkt am belebten Wenzelsplatz. Wie der hübsche Innenhof strahlt es eine entspannte Atmosphäre aus. Hier kann man sich wunderbar erholen und bei einer Tasse Tee die Ereignisse des Tages Revue passieren lassen.
václavské náměstí 14, www.facebook.com/dobracajovna, telefon: 2 20801929, geöffnet: mo-fr 10.00-21.30, sa-so 14.00-21.30, preis: 75 kč, u-bahn: můstek

(28) Köstliche Suppen bekommen Sie im **Soup in the City**. Es gibt ein täglich wechselndes Angebot an Tagessuppen, Quiches und Salaten, aber auch belegte Brötchen, Sandwiches und Wraps. Probieren Sie die selbst gemachte Limonade!
panská 9, www.soupinthecity.cz, telefon: 2 26222990, geöffnet: mo-fr 7.00-19.00, sa-so 7.00-17.00, preis: 50 kč, u-bahn: můstek

(30) Auf der sechsten Etage eines Gebäudes am Wenzelsplatz befindet sich das **Duplex**. Tagsüber kann man hier eine Kleinigkeit essen, abends nobel dinieren und nachts verwandelt es sich in einen exklusiven Club, in dem Rockstar Mick Jagger seinen 60. Geburtstag feierte.
václavské náměstí 21, www.duplex.cz, telefon: 7 32221111, geöffnet: restaurant di-sa 11.00-0.00, club di-sa 23.00-6.00, preis: 300 kč, u-bahn: můstek

KAVÁRNA SLAVIA ⑧

㉜ Darf es etwas exklusiver sein? Dann reservieren Sie einen Tisch im Restaurant **Alcron**, das mit einem Michelin-Stern ausgezeichnet wurde. Am besten bevor Sie nach Prag reisen, denn die sieben Tische sind schnell vergeben. Das stilvoll eingerichtete Alcron zählt zu den besten Fischrestaurants Prags.

štěpanská 40, www.alcron.cz, telefon: 2 22820410, geöffnet: mittagessen mo-fr 12.30-14.30, abendessen mo-sa 18.00-22.30, preis: 5-gängemenü 1500 kč, u-bahn: můstek

Shoppen

③ Die Marke **Papelote** entstand aus einer Diplomarbeit an der Akademie für Kunst, Architektur und Design. Die Kollektion besteht aus minimalistischen, aber farbenfrohen Notizbüchern, Kalendern, Geschenkpapieren, Ansichtskarten, Schreibheften und anderen Produkten aus Umweltpapier und recycelten Materialien.
vojtěšská 9, www.papelote.cz, telefon: 7 74719113, geöffnet: mo-fr 11.00-19.00, sa 12.00-18.00, u-bahn: karlovo náměstí

⑥ Im **Julius FashionShop** bekommen Sie farbenprächtige, ausgefallene Mode und Accessoires. Inhaberin Julia stellt die schönsten Stücke aus den Kollektionen tschechischer und internationaler Designer selbst für ihre Läden zusammen und hilft gern, die Garderobe zu finden, die perfekt zu Ihnen passt.
ostrovní 20, www.juliusfashion.com, geöffnet: mo-sa 11.00-20,00, so 12.00-20.00, u-bahn: národní třída, straßenbahn: 6, 9, 18, 22 národní třída

⑩ Die feinsten Delikatessen finden Sie bei **Jan Paukert**: Probieren Sie mal tschechische Spezialitäten wie *chlebicky* (belegtes Baguette), *nakládány hermelín* (marinierter Camembert) und tschechische Würste. Es gibt auch eine große Auswahl an süßem Gebäck. Zum Dahinschmelzen!
národní 17, www.janpaukert.cz, telefon: 2 24222615, geöffnet: mo-fr 9.30-20.30, sa 9.30-19.30, so 9.30-18.00, u-bahn: národní třída, straßenbahn: 6, 9, 18, 22 národní třída

⑪ Versteckt in der Palac Metro Passage befindet sich **Star Beads**, ein kleiner Laden mit Perlen in allen möglichen Farben und Formen. Es gibt Plastikperlen, Steine, Perlen aus tschechischem Glas und sogar Swarovski-Kristalle. Ideal, um sich eine eigene Kette zusammenzustellen. Keine Lust auf Handarbeit? Dann wählen Sie eine der fertigen Ketten, die bekommt man hier nämlich auch.
národní 25 (palac metropassage), www.starbeads.cz, telefon: 2 71743391, geöffnet: mo-fr 11.00-19.00, sa 13.00-18.00, u-bahn: národní třída, straßenbahn: 6, 9, 18, 22 národní třída

PAPELOTE ③

⑫ Bei **Kokoro** gibt es Kleider, Schmuck, Geschirr und Taschen aus Vietnam. Die große Auswahl an Seidentüchern ist beeindruckend, doch der Renner sind die wunderschön bestickten Taschen.
národní 25 (palac metro passage), telefon: 2 51622107, geöffnet: mo-fr 11.00-18.00, sa-so 10.00-19.00, u-bahn: národní třida, straßenbahn: 6, 9, 18, 22 národní třida

6 JULIUS FASHIONSHOP

⑬ Der **Tea Shop** in der Národní ist ein Paradies für jeden Teetrinker. In dem kleinen Laden sind Hunderte von Teesorten aus der ganzen Welt erhältlich. Aber nicht nur Tee, sondern auch Teekannen, Tassen und Gläser werden hier angeboten. Sie können sich nicht entscheiden? Kein Problem. Die meisten Teebeutel werden auch einzeln verkauft.
národní 20, www.cajovykramek.cz, telefon: 7 39040624, geöffnet: mo-fr 9.30-19.00, sa 10.00-19.00, u-bahn: národní třida, straßenbahn: 6, 9, 18, 22 národní třida

⑮ Ob Sie nun eine Perücke, Parfüm, einen Fernseher, Babykleider oder eine Tüte Chips suchen – im Kaufhaus **My'** gibt es alles. Hier können Sie so lange durch die Abteilungen stöbern, bis Ihnen schwindelig wird.
národní 26, www.mystores.cz, telefon: 2 22815111, geöffnet: mo-sa 8.00-21.00, so 9.00-20.00, u-bahn: národní třída, straßenbahn: 6, 9, 18, 22 národní třida

㉑ Im "Fotopalast" **Foto Škoda** gibt es alles für Fotografie-Begeisterte: alte und neue Kameras, Fotobücher, Rahmen, Fotoalben und sogar eine kleine Ausstellung. Hinter dem Geschäft befindet sich die Langhans-Galerie, in der Werke von internationalen Topfotografen bewundert werden können.
vodičkova 37, www.fotoskoda.cz, telefon: 2 22929029, geöffnet: mo-fr 9.00-19.30, sa 10.00-18.00, u-bahn: můstek, straßenbahn: 3, 9, 14, 24 václavské náměstí

㉔ In der Neustadt gibt es viele Einkaufspassagen, von denen eine der schönsten und bekanntesten die **Palác Lucerna** ist. Hier gibt es ein Theater, das schönste Kino Prags, Geschäfte, Restaurants und kleine Cafés. In der Haupthalle steht ein großes Kunstwerk von David Černý. Übrigens: Die Passage wurde vom Großvater des Ex-Präsidenten Václav Havel erbaut.
vodičkova 36, www.lucerna.cz, u-bahn: můstek, straßenbahn: 3, 9, 14, 24 václavské náměstí

㉛ Das **La Femme Mimi** gehört der Designerin Nguyen Hoang Lan. Die Stoffe ihrer Seidenkleider, Blusen, Röcke und Handtaschen kommen aus Asien – die Entwürfe fertigt sie in Prag. Das Ergebnis ist westliches Design mit östlicher Note.
štěpánská 51, www.lafemmemimi.cz, telefon: 2 24214106, geöffnet: mo-fr 10.00-19.30, sa 11.00-17.00, u-bahn: můstek

100% there

(2) Auf einer **Bootstour** sehen Sie die vielen historischen Gebäude von Prag einmal von einer anderen Seite. Am Anlegesteg Rašinovo Nábřeží können Sie sich zwischen verschiedenen Routen entscheiden, beispielsweise für die Tour zum Schloss Troja, einem Sommerpalast aus dem 17. Jahrhundert, oder für einen Trip in Richtung Zoo. Am Anlegesteg finden Sie einen Informationsstand. Ein echter Geheimtipp: Mieten Sie sich auf einer der kleinen Inseln in der Moldau ein **Tretboot**. Nehmen Sie eine Kleinigkeit zu essen mit und lassen Sie sich in der Sonne auf Ihrem Tretboot über das Wasser treiben.
anlegesteg rašinovo nábřežíe, www.paroplavba.cz, telefon: 2 24931013, preis: ab 150 kč, u-bahn: karlovo náměstí, straßenbahn: 17, 21 jiráskovo náměstí

(7) Das **Nationaltheater** (Národní Divadlo) wurde zwischen 1868 und 1881 im Stil der Neorenaissance erbaut, komplett finanziert durch Spenden der Prager Bevölkerung. Nach der Fertigstellung brannte das Gebäude jedoch bis auf die Grundmauern ab. In weniger als zwei Jahren wurde es wieder aufgebaut und von den besten tschechischen Künstlern der Zeit gestaltet. Im Theater finden klassische Opern-, Theater- und Ballettaufführungen statt. Aber auch neuere Werke werden inszeniert, beispielsweise von Philip Glass und John Osborne. Neben dem Theater befindet sich eine Kasse, an der Sie Karten für die Aufführungen im Nationaltheater, im Stavovské Divadlo und im Kolowrat-Theater kaufen können. Die meisten Opern haben eine englische Übersetzung.
národní 2, www.narodni-divadlo.cz, telefon: 2 24901448, geöffnet: kasse täglich 10.00-18.00 und 45 minuten vor jeder vorstellung, u-bahn: národní třída, straßenbahn: 9, 18, 22 národní divadlo

(9) In Prag gibt es mehrere Schwarzlichttheater; die **Laterna Magika** ist jedoch das älteste und bekannteste. Lassen Sie sich hier von einer beeindruckenden Show voller Tanz und Drama, Licht und Musik verzaubern.
národní 4, www.laterna.cz, telefon: 2 24901448, geöffnet: kasse täglich 10.00-18.00, u-bahn: národní třída, straßenbahn: 9, 18, 22 národní divadlo

LEICA GALLERY ⑲

㉓ FRANTIŠKÁNSKÁ ZAHRADA

(19) Die kleine **Leica Gallery** organisiert jährlich fünf bis sechs Ausstellungen mit Werken bekannter tschechischer und internationaler Fotografen wie Jaroslav Kučera, Dagmar Hochová, Helmut Newton und Anton Corbijn. Das dazugehörige Café ist ein beliebter Ort zum Kaffeetrinken.
školská 28, www.lgp.cz, telefon: 2 22211567, geöffnet: mo-fr 9.00-21.00, sa-so & an feiertagen 14.00-20.00, preis: 70 kč, u-bahn: karlovo náměstí, straßenbahn: 3, 9, 14, 24 vodičkova

(22) In der Světozor-Passage befindet sich das **Kino Světozor**, ein Kunstkino, in dem neben internationalen Filmen oft auch tschechische Streifen mit englischen Untertiteln laufen. Trinken Sie vor oder nach der Vorstellung ein Světozor-Bier, das speziell für dieses Kino in einer kleinen Brauerei in Nordtschechien hergestellt wird. Im Foyer befindet sich der kleine Laden Terryho Ponozky, in dem es alte und neue Filmplakate aus der ehemaligen Tschechoslowakei und dem Rest der Welt gibt.
vodičkova 41, www.kinosvetozor.cz, telefon: 2 24946824, u-bahn: můstek, straßenbahn: 3, 9, 14, 24 václavské náměstí

(23) Am Ende der Světozor-Passage versteckt sich der Innenhof **Františkánská Zahrada**. Hierher kommen die Prager an einem sonnigen Tag, nachdem sie sich vorher in der Passage bei Ovocný Světozor ein Eis gekauft haben. Die Spezialität der Eisdiele ist "točená" (ausgesprochen: totschenah), eine Mischung aus Sorbet und Softeis. Im Innenhof kann man sich dann gemütlich mit seinem Eis auf einer der weißen Parkbänke niederlassen.
eingang über die světozor-passage, geöffnet: täglich 15. okt.-14. apr. 8.00-19.00, 15. apr.-14. sept. 7.00-22.00, 15. sept.-14. okt. 7.00-20.00, u-bahn: můstek, straßenbahn: 3, 9, 14, 24 václavské náměstí

(34) Für alle Opernfreunde ist die **Prager Staatsoper** (Státni Opera Praha) ein Traum. Das Gebäude bietet eine wunderschöne Kulisse für alle Opern- und Ballettvorstellungen sowie für die im August und September stattfindenden Verdi-Festspiele. Vergessen Sie also nicht, Ihre Abendgarderobe für einen Opernbesuch einzupacken.
wilsonova 4, www.opera.cz, telefon: 2 24901448, geöffnet: kasse täglich 10.00-18.00 und 45 minuten vor jeder vorstellung, u-bahn: muzeum

Neustadt

SPAZIERGANG 5 (ca. 5 km)

Los geht es an der U-Bahn-Station Karlovo Náměstí (Karlsplatz), Ausgang Centrum Karlovo Náměstí/Resslova Ulice. Links abbiegen und durch die Resslova in Richtung Tanzendes Haus (1). Gehen Sie am Anlegesteg nach links, dann die Treppe hinunter und machen Sie eine Bootstour (2), oder biegen Sie rechts ab und gehen am Wasser entlang weiter. Biegen Sie dann bei der Šítkova rechts ab und bei der Vojtěšská erneut (3). Spazieren Sie zweimal nach links für eine Kaffeepause (4). Gehen Sie die Straße hinunter (5), biegen Sie dann rechts ab und am Ende links zum Shoppen (6). Gehen Sie nach links und folgen Sie der Straße, bis Sie hinter dem Nationaltheater (7) stehen. Anschließend bis zum Fluss weiter und um das Gebäude herum. Die Straßenseite wechseln, um einen Blick auf das außergewöhnliche Gebäude zu werfen. Dort können Sie auch bei Kavárna Slavia (8) etwas trinken. Gehen Sie bei der Kreuzung nach rechts am Theater vorbei durch die Narodní. Neben dem Theater, hinter dem modernen Teil, liegt die Kasse. Gehen Sie weiter durch die Narodní, am Theater Laterna Magika (9) vorbei zum Shopping bei Jan Paukert (10), Star Beads (11), Kokoro (12) und Tea Shop (13). Anschließend gibt es eine Stärkung im Café Louvre (14). Rechts in der Spálena finden Sie das Kaufhaus My' (15) und einige kleine tschechische Kleidershops. Gehen Sie die Spálena entlang und biegen links in die Karlovo Náměstí ab. Dort finden Sie das Neustädter Rathaus (16) und rechts den Karlsplatz (17). Zurück zur Karlovo Náměstí und links zum Mittagessen (18). Danach rechts abbiegen und am Ende der Straße links. Besuchen Sie die Leica Gallery (19) und spazieren Sie nach rechts in die Vodičkova zu netten Läden und Einkaufspassagen (20) (21) (22) (23) (24). Am Ende der Vodičkova geht es zum Wenzelsplatz (25) (26) (27). Den Platz überqueren und die Jindřišská entlanggehen. In der ersten Straße links gibt es leckere Suppen (28) und das Mucha Museum (29). Zurück zum Wenzelsplatz und Richtung Nationalmuseum. Eine schöne Aussicht haben Sie von der Dachterrasse des Restaurants Duplex (30). Sie können auch rechts in die Štepanska zu La Femme Mimi (31) und dem exklusiven Restaurant Alcron (32) spazieren. Gehen Sie dann die Treppen des Nationalmuseums (33) hoch und blicken Sie über den Wenzelsplatz. Wenn Sie die Treppen wieder hinuntergehen, laufen Sie genau auf die Staatsoper zu (34).

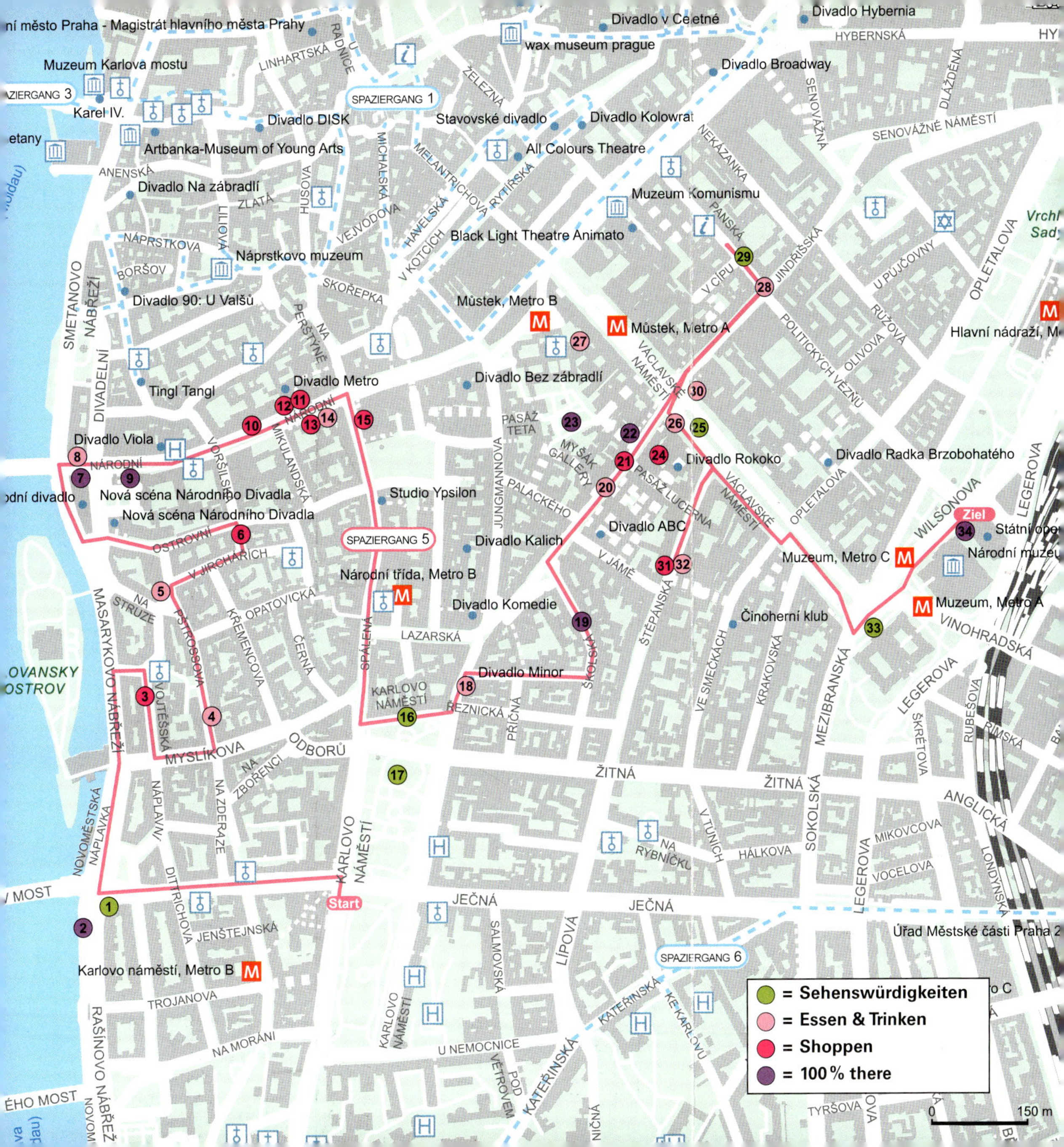

Divadlo v Celetné
Divadlo Hybernia
HYBERNSKÁ
wax museum prague
Divadlo Broadway
Muzeum Karlova mostu
LINHARTSKÁ
RADNICE
SPAZIERGANG 1
SPAZIERGANG 3
Karel IV.
Divadlo DISK
Stavovské divadlo
Divadlo Kolowrat
Artbanka-Museum of Young Arts
All Colours Theatre
ANENSKÁ
Divadlo Na zábradlí
ZLATÁ
Muzeum Komunismu
SENOVÁŽNÉ NÁMĚSTÍ
NÁPRSTKOVA
Náprstkovo muzeum
Black Light Theatre Animato
BORŠOV
Divadlo 90: U Valšů
SKOŘEPKA
Můstek, Metro B
Můstek, Metro A
Hlavní nádraží
SMETANOVO NÁBŘEŽÍ
DIVADELNÍ
Tingl Tangl
Divadlo Metro
Divadlo Bez zábradlí
PASÁŽ TETA
Divadlo Rokoko
Divadlo Radka Brzobohatého
Divadlo Viola
NÁRODNÍ
Nová scéna Národního Divadla
Studio Ypsilon
JUNGMANNOVA
PALACKÉHO
PASÁŽ LUCERNA
VÁCLAVSKÉ NÁMĚSTÍ
WILSONOVA
Ziel
Státní opera
Národní muzeum
OSTROVNÍ
SPAZIERGANG 5
Divadlo Kalich
Divadlo ABC
Muzeum, Metro C
V JIRCHÁŘÍCH
Národní třída, Metro B
V JÁMĚ
Muzeum, Metro A
NA STRUZE
OPATOVICKÁ
Divadlo Komedie
Činoherní klub
VINOHRADSKÁ
LAZARSKÁ
SLOVANSKÝ OSTROV
Divadlo Minor
KARLOVO NÁMĚSTÍ
ŘEZNICKÁ
MEZIBRANSKÁ
LEGEROVA
MYSLÍKOVA
ODBORŮ
ŽITNÁ
MASARYKOVO NÁBŘEŽÍ
ANGLICKÁ
HÁLKOVA
SOKOLSKÁ
JEČNÁ
Start
JENŠTEJNSKÁ
Úřad Městské části Praha 2
Karlovo náměstí, Metro B
SPAZIERGANG 6
TROJANOVA
KATEŘINSKÁ
NA MORÁNI
U NEMOCNICE
RAŠÍNOVO NÁBŘEŽÍ
TYRŠOVA
= Sehenswürdigkeiten
= Essen & Trinken
= Shoppen
= 100 % there
0
150 m

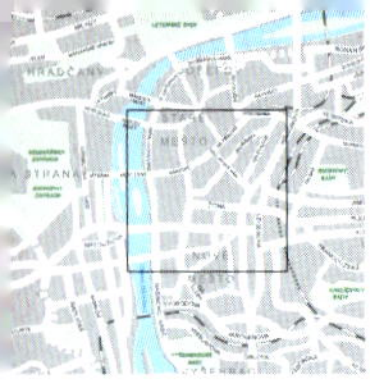

1. Tanzendes Haus
2. Bootstour/Tretboot
3. Papelote
4. Globe Bookstore & Coffeehouse
5. Dynamo
6. Julius FashionShop
7. Nationaltheater
8. Kavárna Slavia
9. Laterna Magika
10. Jan Paukert
11. Star Beads
12. Kokoro
13. Tea Shop
14. Café Louvre
15. My'
16. Neustädter Rathaus
17. Karlsplatz
18. Mamacoffee
19. Leica Gallery
20. Cukrárna Myšák
21. Foto Škoda
22. Kino Světozor
23. Františkánská Zahrada
24. Palác Lucerna
25. Wenzelsplatz
26. Wurststände
27. Dobrá Čajovná
28. Soup in the City
29. Mucha-Museum
30. Duplex
31. La Femme Mimi
32. Alcron
33. Nationalmuseum
34. Prager Staatsoper

Vyšehrad & Vinohrady

Geheimnisvolle Festung & hippes Wohnviertel

Die Festung Vyšehrad (Prager Hochburg) ist ein Burgareal mit vielen Bauwerken und Parks, das auf einem Hügel über der Moldau liegt. Schon von Weitem kann man die zwei neugotischen Turmspitzen der St.-Peter-und-Paul-Kirche sehen. Vyšehrad ist der Legende nach der Geburtsort Prags, denn der Stammesführer Krok baute hier im 7. Jahrhundert ein Schloss. Libuše, die klügste seiner drei Töchter, hatte nämlich eine Vision und sah die Gründung Prags voraus, einer Stadt mit großer Zukunft. Tatsächlich erfolgte jedoch die erste Bebauung unter Vratislav II., dem ersten König von Böhmen. Er baute an dieser Stelle sein Schloss – allerdings erst im 11. Jahrhundert. Auch seine Nachfolger wohnten hier, bis sie später in die Prager Burg zogen. Vyšehrad wurde der Ausgangspunkt des sogenannten Königsweges. Jeder neue König verbrachte die Nacht vor seiner Krönung auf Vyšehrad und ging dann am Pulverturm und dem alten Stadtplatz vorbei über die Karlsbrücke zur Prager Burg. Dort wurde er im Veitsdom zum König gekrönt.

6

Leider wurden viele der ursprünglichen Gebäude auf Vyšehrad während der Hussitenkriege im 15. Jahrhundert zerstört. Das einzige Bauwerk, das noch an die Zeit von König Vratislav II. erinnert, ist die St.-Martins-Rotunde. Die anderen Gebäude, die man heute sieht, wurden erst im 17. Jahrhundert errichtet, als Vyšehrad wieder als Festung diente. Vyšehrad ist ein Symbol der tschechischen Geschichte. Maler, Dichter und Komponisten ließen sich hier inspirieren, der Friedhof wurde zum Nationalfriedhof ernannt, und viele Familien besuchen Vyšehrad an den Wochenenden. In dem ruhigen Park kann man wunderschön spazieren gehen, ein Picknick machen oder einfach die Aussicht genießen.

Vinohrady ist mit seinen schönen Gebäuden, die Beginn des 20. Jahrhunderts erbaut wurden, eine der beliebtesten und besten Wohngegenden Prags. Mitten in Vinohrady liegt der Friedensplatz (Náměstí Míru). Die vielen gemütlichen Restaurants am Platz verleihen dem Viertel eine tolle Ausstrahlung!

6 Insider-Tipps

Vyšehrad

Den Blick vom höchsten Punkt der Festung genießen.

Vyšehrader Friedhof

Grabsteine tschechischer Berühmtheiten studieren.

Vyšehrader Park

In aller Ruhe picknicken.

Radost FX

Herrlich vegetarisch essen gehen.

Vinohrady

Durch das Viertel und die ehemaligen Weingärten schlendern.

Vinarná Vínečko

Tschechische Weine in einer netten Weinbar genießen.

- **Sehenswürdigkeiten**
- **Shoppen**
- **Essen & Trinken**
- **100% there**

Sehenswürdigkeiten

① Das **Tábor-Tor** (Táborská Brána) wurde 1655–1656 errichtet, in einer Zeit, in der in ganz Prag neue Festungen entstanden. Die Festung Vyšehrad (Prager Hochburg) wurde 1670 als erste fertiggestellt, jedoch bis Mitte des 19. Jahrhunderts mehrfach umgebaut. Das Tábor-Tor lag an der südöstlichen Seite, dem bedrohtesten Teil der Stadt. Über dem Tor liegen drei Zimmer, von denen eins als Schießloch verwendet wurde, ein anderes als Büro und das dritte als Beobachtungsposten.
v pevnosti, www.praha-vysehrad.cz, u-bahn: vyšehrad

③ Das hübsche **Leopoldstor** (Leopoldova Brána) mit seinem monumentalen Torbogen wurde 1653 bis 1672 vom Architekten Carlo Lurago gebaut. Das Tor ist mit Wappenschildern geschmückt, die Giovanni Battista Allio entworfen hat. 1840 wurde das Tor restauriert und ist seitdem wieder in Gebrauch.
v pevnosti, www.praha-vysehrad.cz, u-bahn: vyšehrad

④ Die **St.-Martins-Rotunde** (Sv. Martina Rotunda) aus dem 11. Jahrhundert ist der am längsten erhaltene und damit älteste Rundbau Prags. Im 18. Jahrhundert wurde die Rotunde als Pulverkammer benutzt. 1841 sollte sie abgerissen werden, um einer Straße Platz zu machen, konnte aber von Graf Karel Chotek gerettet werden. 1874 wurde die Rotunde komplett renoviert.
v pevnosti, www.praha-vysehrad.cz, nicht öffentlich zugänglich, u-bahn: vyšehrad

⑤ Die **Teufelssäule** (Čertův Sloup) stand erst in der Kirche, dann auf dem Friedhof und 1889 wurde sie in den Garten gestellt. Wo genau die Säule herkommt, ist nicht bekannt, aber wahrscheinlich gehörte sie früher zur Basilika. Laut der Legende hat der Teufel nach einer Wette mit den Priestern selbst die Säule nach Vyšehrad gebracht. Der Teufel behauptete, dass er die Säule schneller von Rom nach Vyšehrad bringen könne, als dass einer der Priester die Messe verlese. Der Priester gewann und der wütende Teufel schmiss die Säule auf die Vyšehrad-Kirche. Das zerstörte Dach konnte jahrelang nicht repariert werden.
k rotondě, u-bahn: vyšehrad

④ **ST.-MARTINS-ROTUNDE**

(7) Die romanische **St.-Laurentius-Basilika** (Bazilka Sv. Vavřince) wurde wahrscheinlich Ende des 11. Jahrhunderts erbaut, jedoch 1420 während der Hussitenkriege größtenteils zerstört. Bei Ausgrabungen fanden Archäologen römische Fliesen. Auch weitere Fundstücke weisen darauf hin, dass hier vermutlich eine noch ältere Kirche stand, die auf das späte 10. Jahrhundert zurückgeht.
v pevnosti, zum erscheinungsdatum dieses cityguides war die basilika wegen archäologischer arbeiten immer noch auf unbestimmte zeit geschlossen, u-bahn: vyšehrad

(8) Das Gebäude, in dem sich heute die **Vyšehrad-Galerie** befindet, ist der Überrest eines mittelalterlichen Wachturms. In der Galerie können Sie Ausstellungen, vor allem von tschechischen Künstlern, besuchen.
k rotundě, www.praha-vysehrad.cz, telefon: 6 03542820, geöffnet: täglich apr.-okt. 9.30-18.00, nov.-märz 9.30-17.00, eintritt: 20 kč, u-bahn: vyšehrad

(9) Die imposante **St.-Peter-und-Paul-Kirche** (Chrám Sv. Petra a Pavla) stammt eigentlich aus dem Jahre 1070, wurde jedoch im Laufe der Jahrhunderte mehrere Male umgebaut. Die Fassade erstrahlt heute im neogotischen Stil. Die spitzen Türme, das Symbol von Vyšehrad, wurden dagegen erst 1903 angebaut. Im Kircheninneren können Sie farbenfrohe Art-nouveau-Fresken bewundern, die verschiedene tschechische Künstler gemalt haben. In der dritten Nische auf der rechten Seite des Altars befindet sich die einzigartige "Vyšehrader Madonna", auch "Regenmadonna" genannt. In Trockenzeiten beteten die Prager hier um ein paar rettende Regenschauer. Ferner stehen hier die Sarkophage mit Mitgliedern der königlichen Familie.
k rotundě 10, www.kkvys.cz, telefon: 2 24911353, geöffnet: mo-fr 10.00-17.00, so 10.30-17.00, eintritt: 30 kč, u-bahn: vyšehrad

⑩ Der **Vyšehrader Friedhof** (Vyšehradský Hřbitov) erinnert bereits seit dem 19. Jahrhundert an berühmte Protagonisten der tschechischen Geschichte. Für die Tschechen ist der Friedhof deshalb auch eine der wichtigsten Sehenswürdigkeiten Prags. Es ist eine überwältigende Erfahrung, über den Friedhof mit seinen kunstvoll verzierten Grabsteinen zu laufen. Familiengräber sind an dem Wort "rodina" zu erkennen. Für die echten Helden der Geschichte wurde ein Pantheon mit dem Namen Slavín erbaut, eine Art Hall of Fame. Hier befinden sich die Gräber des Malers Alfons Mucha, des Bildhauers Josef Myslbek und des Architekten Josef Gočár. Auf dem Friedhof finden sich außerdem die Gräber der Komponisten Bedřich Smetana und Antonín Dvořák, sowie der Schriftsteller Jan Neruda und Karel Čapek. Beim Haupteingang finden Sie eine Karte mit einer Übersicht der wichtigsten Gräber.
k rotundě 10, www.praha-vysehrad.cz, geöffnet: täglich nov.-febr. 8.00-17.00, okt. & märz-apr. 8.00-18.00, mai-sept. 8.00-19.00, u-bahn: vyšehrad

⑭ Das **Ziegeltor** (Cihelná Braná) aus dem 19. Jahrhundert ist der Eingang zu einer unterirdischen **Kasematte**, in der eine Ausstellung über die Prager Festungen untergebracht ist. Jede Stunde findet eine Führung statt und Sie dürfen die geheime unterirdische **Gorlice-Halle** betreten, die im Zweiten Weltkrieg als Versteck und als Lagerraum für Kartoffeln diente. Seit 1992 stehen hier sechs Originalfiguren von der Karlsbrücke.
vratislavova, www.praha-vysehrad.cz, telefon: 2 41410348, geöffnet: täglich apr.-okt. 9.30-18.00, nov.-märz 9.30-17.00, eintritt: ziegeltor 20 kč, kasematte 50 kč, u-bahn: vyšehrad

⑮ Kubistische Architektur findet man selten, aber in Prag gibt es dennoch einige **kubistische Fassaden** zu bestaunen, vor allem in der Gegend rund um Vyšehrad. Eine davon ist die Fassade des Wohnhauses auf der Neklanova 30, die der tschechische Architekt Josef Chocol 1912 entwarf. An diesem Bauwerk ist gut zu erkennen, dass die Ornamente gemäß der Auffassung tschechischer Kubisten Teil der Architektur sein sollten und nicht irgendwie am Haus befestigt werden durften.
neklanova 30, u-bahn: vyšehrad, straßenbahn: 7, 18, 24, 53 albertov

ST.-PETER-UND-PAUL-KIRCHE ⑨

⑰ Das **Emmauskloster** (Emauzy) wurde 1346 von Karl IV. gestiftet. Die kroatischen Benediktinermönche, die das Kloster gründeten, sollten die altslawische Liturgie pflegen und so heißt das Kloster auch eigentlich Klášter Na Slovanech. Im Deutschen hat sich jedoch der Begriff "Emmauskloster" eingebürgert, da am Tag der Einweihung die Emmaus-Geschichte vorgetragen wurde. Besonders schön sind die erhalten gebliebenen Deckenmalereien aus dem 14. Jahrhundert. Vom Fluss aus ist das Kloster mit seinen zwei modernen Türmen einfach zu erkennen. Die Betontürme wurden dem Kloster erst im Jahre 1965 hinzugefügt.
vyšehradská 49, www.emauzy.cz, telefon: 2 24917662, geöffnet: apr. & okt. mo-fr 11.00-17.00, mai-sept. mo-sa 11.00-17.00, nov.-märz mo-fr 11.00-14.00, eintritt: 50 kč, straßenbahn: 18, 24 moráň

③ LEOPOLDSTOR

(18) In dem hübschen, barocken Sommerhaus von 1720 befindet sich schon seit 1932 das **Dvořák-Museum**, welches dem berühmten Komponisten Antonín Dvořák gewidmet ist. Sein Leben und Werk wird hier anhand von Noten, Fotos, Postern und Briefen illustriert. Auch seinem Durchbruch, der erst nach seinem Tod im Jahr 1904 kam, wird hier gebührend Aufmerksamkeit geschenkt. Im Sommer finden im Musiksalon des Museums Konzerte mit den Werken Dvořáks statt. Das Haus, in dem sich das Museum befindet, ist auch unter dem Namen "Villa Amerika" bekannt, da es direkt neben einer Herberge namens "Amerika" steht.
ke karlovu 20, www.nm.cz, telefon: 2 24923363, geöffnet: di-so 10.00-13.30 & 14.00-17.00, eintritt: 50 kč, u-bahn: ip pavlova

(22) Der **Friedensplatz** (Náměstí Míru) bildet das Zentrum des Stadtviertels Vinohrady. Hier stehen ein paar beeindruckende Gebäude: die neugotische Kirche St. Ludmilla, die zwischen 1888 und 1893 erbaut wurde, und genau dahinter das Nationalhaus (Národní Dům) im Neorenaissance-Stil. An der Nordseite des Platzes liegt das Vinohrady-Theater (Divadlo na Vinohradech) aus dem Jahr 1909. Unter dem Platz befindet sich die gleichnamige U-Bahn-Station mit der längsten Rolltreppe Europas. Die Rolltreppe ist stolze 87 m lang, besteht aus 553 Stufen und läuft 43 m tief hinunter. Eine "Fahrt" nach unten dauert genau 2 Minuten und 15 Sekunden.
náměstí míru, u-bahn: náměstí míru

㉜ CAFÉ MEZI ZRNKY

Essen & Trinken

(11) Auf Vyšehrad gibt es viele Cafés und Snackbars. Wenn Sie etwas Stilvolles suchen, gehen Sie am besten zu **Rio's Vyšehrad**. Die Einrichtung ist sehr elegant, und hier finden häufig Geburtstagsfeiern und Hochzeiten statt. Das Lokal verfügt über eine Sommerterrasse, auf der frischer Fisch, Salate, Pastagerichte und leckere Desserts serviert werden.
štulcova 102, www.riorestaurant.cz, telefon: 2 24922156, geöffnet: täglich 10.00-0.00, preis: 350 kč, u-bahn: vyšehrad

(19) Schon beim Betreten des **Kavárna Pražírna** sehen Sie die Jutesäcke mit Kaffeebohnen. Nicht zu Dekozwecken allerdings – dieses Café hat eine eigene Rösterei. Nirgends bekommen Sie eine frischere Tasse Kaffee, und wer diese Köstlichkeit auch zu Hause genießen will, kann hier Kaffeebohnen kaufen.
lublaňská 50, www.kavarnaprazirna.cz, telefon: 7 20385622, geöffnet: mo-fr 8.30-22.00, sa 10.00-18.00, preis: 50 kč, u-bahn: ip pavlova

(27) Im **Radost FX** kann man wunderbar vegetarisch essen. Das Angebot auf der Karte ist so groß, dass es nicht immer leicht fällt, sich zwischen all den asiatischen, mexikanischen und italienischen Köstlichkeiten zu entscheiden. Das Restaurant besteht aus mehreren Räumen, die alle ein wenig asiatisch angehaucht sind. Auch abends ist das Radost sehr beliebt, denn dann wird bei Hiphop, House und Funk-Musik ordentlich getanzt.
bělehradská 120, www.radostfx.cz, telefon: 6 03193711, geöffnet: täglich 11.30-2.00, preis: 175 kč, u-bahn: ip pavlova

(28) An jedem Tisch des koreanischen Restaurants **Sami Grill** ist der Grill gleich mit eingebaut. Wenn Sie hier ein Grill- oder Wokgericht bestellen, kommt der Koch direkt zu Ihnen an den Tisch und bereitet Ihr Essen an Ort und Stelle zu. So schmeckt alles gleich noch ein bisschen besser.
anny letenské 5, www.korejskarestaurace.cz, telefon: 2 22524666, geöffnet: di-sa 17.00-2.00, so 17.00-22.30, preis: 300 kč, metro náměstí míru

㉗ RADOST FX

(29) Genießen Sie einen tschechischen Wein auf der Terrasse oder im Hintergarten des **Vinárna Vínečko**. Vielleicht probieren Sie einen herrlich frischen weißen *veltlínské zelené*. Außer Wein gibt es auch eine große Auswahl an Snacks wie Toast und Würstchen.
bruselska 5, www.vineckopraha.cz, telefon: 2 22511035, geöffnet: mo-fr 13.00-1.00, sa 15.00-1.00, so 15.00-23.00, preis: 90 kč, u-bahn: náměstí míru

(30) Das **Kavárna & Galerie Roza K**. ist ein Café mit entspannter Atmosphäre. In bequemen alten Sesseln können Sie sich eine Tasse Kaffee oder natürlich ein tschechisches Bier schmecken lassen. Schauen Sie sich unterdessen die monatlich wechselnden Ausstellungen tschechischer Künstler an.
belgická 17, www.facebook.com/KavarnaRoza.K , telefon: 2 22544696, geöffnet: mo-fr 9.00-1.00, sa-so 12.00-1.00, preis: 50 kč, u-bahn: náměstí míru

(31) **Hlučná Samota** ist ein für diese Gegend typisches kleines Restaurant mit Holztischen und gemütlicher Atmosphäre. Auf der Karte findet man tschechische Klassiker wie Gulasch, gebratene Ente und gegrilltes Schweinefleisch mit Kohl.
záhřebská 14, www.hlucna-samota.cz, telefon: 2 22522839, geöffnet: täglich 11.00-0.00, preis: 200 kč, u-bahn: náměstí míru

(32) Ins kleine **Café Mezi Zrnky** geht man zum Frühstücken und Mittagessen. Es gibt täglich wechselnde, herzhafte Sandwiches aus selbst gebackenem Brot, Quiches, Suppen und Salate. Und zum Náchtisch bestellen Sie sich ein Stück Karottenkuchen oder einen amerikanischen Cookie.
sazavska 19, www.mezizrnky.cz, geöffnet: mo-fr 9.30-18.30, sa 9.30-15.30, preis: 100 kč, u-bahn: i.p. pavlova

(33) Wer in Prag ist, sollte auch einmal einen Biergarten besuchen. Im **Riegrovy Sady** haben 1300 Gäste Platz. Reich und arm, Studenten, Ältere, Mütter mit und ohne Kinder – wirklich jeder kommt im Sommer hierher. Bier und Würstchen gibt es an den kleinen Ständen und danach setzt man sich gemütlich an einen der langen Holztische.
park riegrovy sady, geöffnet: apr.-okt. täglich 12.00-0.00, und wenn es sehr voll ist bis 2.00, preis: 35 kč, u-bahn: jiřího z poděbrad

Shoppen

(2) In den Ruinen des Špička-Tors gibt es einen kleinen **Souvenirladen**, in dem man Souvenirs aus Vyšehrad und ganz Prag kaufen kann. Auch Keramik, handgeschöpftes Papier und Kopien von keltischen Juwelen sind hier erhältlich.
v pevnosti, telefon: 2 61225304, geöffnet: täglich apr.-okt. 9.30-18.00, nov.-märz 9.30-17.00, u-bahn: vyšehrad

(20) Gemüse und Obst, ofenfrische Brote, hausgemachte Marmelade, traditionelles Gebäck, herzhafte Würste, milder Ziegenkäse, Honig und Wein aus der Region: Frisches aus regionaler Herstellung erhalten Sie auf dem **Bauernmarkt**. Früh da sein! Die beliebtesten Produkte sind sehr schnell ausverkauft.
tylovo náměstí, www.trhytylak.cz, geöffnet: di-fr 9.00-16.00, u-bahn: ip pavlova

(21) **Choco Loves Coffee**. Der Name des Geschäfts sagt es bereits, hier kauft man Schokolade und Kaffee. Aber auch handgemachte Bonbons, exklusive Single-Origin-Schokolade, Roh-Schokolade, warmer Kakao und köstlichen Kaffee. Ob Sie es schaffen, mit leeren Händen hinauszugehen?
jugoslávská 27, www.chocolovescoffee.cz, telefon: 2 24284325, geöffnet: mo-fr 9.00-18.00, sa 9.00-14.00, u-bahn: náměstí míru

(24) Nach jahrelangem Leerstand können Sie heute in der alten Markthalle **Pavilon** wieder einkaufen. Anstelle von Gemüse, Obst und Fleisch finden Sie jedoch Designerläden; nicht nur Geschäfte für Wohnaccessoires, Möbel und Fußböden, sondern auch das Blumenstudio Mario Wild Flowers.
vinohradská 50, www.pavilon.cz, geöffnet: mo-fr 10.00-19.30, sa 10.00-18.00, u-bahn: náměstí míru

(25) Bei **Vom Fass** wird alles aus dem Fass verkauft: Olivenöl, Walnussöl, Pinienkernöl, Balsamico-Essig, Himbeer-Essig, Weine ... Bei so viel Auswahl fällt die Entscheidung schwer. Zum Glück ist das Personal sehr hilfsbereit und man darf alles kosten.
bělehradská 92, www.vomfass.cz, telefon: 2 46024144, geöffnet: mo-fr 9.30-18.30, sa 10.00-14.00, u-bahn: ip pavlova

(26) Die Designerin **Jane Bond** fertigt wundervollen Kopfschmuck und Haaraccessoires und verkauft diese zusammen mit Vintage-Kleidung und Hüten in ihrem eigenen Laden.
francouszká 7, www.janebond.cz, telefon: 7 77564665, geöffnet: mo-fr 10.00-19.00, u-bahn: náměstí míru

100% there

(6) Südlich der Kirche liegen die **Gärten von Vyšehrad** (Vyšehradské Sady). Von März bis Oktober findet immer sonntags um 14.30 Uhr ein Open-Air-Konzert statt. Von Jazz bis klassischer Musik ist alles dabei. In den ruhigen Gärten stehen viele Figuren aus tschechischen Mythen. Suchen Sie sich ein schattiges Plätzchen und genießen Sie ein schönes Picknick.
v pevnosti, www.praha-vysehrad.cz, telefon: 2 41410348, geöffnet: 24 std., eintritt: frei, u-bahn: vyšehrad

(12) Von Mai bis September werden im Freilichttheater **Letni Scena** Aufführungen gezeigt, beispielsweise Schwertkämpfe, Theaterproduktionen und Konzerte. Auch separate Kindervorstellungen sind regelmäßig zu sehen.
v pevnosti, www.praha-vysehrad.cz, telefon: 2 41410348, u-bahn: vyšehrad

(13) In ganz Vyšehrad haben Sie eine wunderbare Aussicht über den Fluss – auf **dem höchsten Punkt** der Burg ist das Panorama von Prag jedoch am schönsten. Gehen Sie den Weg ein Stück nach rechts, um die Stadt aus verschiedenen Blickwinkeln zu sehen, oder setzen Sie sich einfach auf eine der Parkbänke zum Relaxen.
u-bahn: vyšehrad

(16) Der **Botanische Garten** (Botanická Zahrada) der Karlsuniversität ist der älteste botanische Garten des Landes. Er wurde 1775 gegründet und zog 1898 von Smíchov zu seinem heutigen Standort. Besonders schön ist er im Frühling, wenn alles blüht. Schlendern Sie gemütlich durch den Garten und lassen Sie sich von den Farben und Gerüchen der vor allem mitteleuropäischen Flora verzaubern.
viničná 7, www.bz-uk.cz, telefon: 2 21951885, geöffnet: garten täglich febr.-märz 10.00-17.00, apr.-aug. 10.00-19.30, sept.-okt. 10.00-18.00, nov.-jan. 10.00-16.00, gewächshaus täglich febr.-märz 10.00-16.00, apr.-aug. 10.00-17.00, sept.-okt. 10.00-17.00, nov.-jan. 10.00-15.30, eintritt: garten frei, gewächshaus 50 kč, straßenbahn: 18, 24 botanická zahrada

VINOHRADY ㉓

㉓ **Vinohrady** ist die zurzeit beliebteste Wohngegend Prags und besteht aus schicken Wohnhäusern, die Anfang des 20. Jahrhunderts erbaut wurden. Auch viele internationale Geschäftsleute wohnen hier. Der Name Vinohrady bezieht sich auf die Weinberge, die sich hier jahrhundertelang befanden. Mit seinen vielen Restaurants besitzt das Viertel noch immer eine feudale Ausstrahlung. Ferner finden Sie in der Gegend viele kleine typisch tschechische Geschäfte.

u-bahn: náměstí míru

Vyšehrad & Vinohrady

SPAZIERGANG 6 (ca. 5 km)

Start ist an der U-Bahn-Station Vyšehrad. Die Treppen hinaufgehen, am Kongresszentrum vorbei und den Schildern Richtung Vyšehrad folgen. Biegen Sie rechts ab und gehen Sie durch das Tábor-Tor (1) (2) in die Festung Vyšehrad. Gehen Sie bis zum Leopolds-Tor (3). Auf der rechten Seite liegt die St.-Martins-Rotunde (4). Gehen Sie links in die K Rotundě. Rechts in dem kleinen Park finden Sie die Teufelssäule (5). Gehen Sie weiter zum Vyšehrader Park (6). Links neben der Snackbar befinden sich die Überreste der St.-Laurentius-Basilika (7). Weiter an der Basilika vorbei und geradeaus nach oben gehen. Biegen Sie rechts ab und folgen Sie dem Straßenverlauf (8). Gehen Sie durch den Park bis zur St.-Peter-und-Paul-Kirche (9). Durch das Tor neben dem Eingang kommen Sie zum Friedhof (10). Den Friedhof wieder durch das gleiche Tor verlassen und rechts abbiegen. Zeit für eine Pause (11). Keinen Hunger? Dann geradeaus den Schildern Richtung Freilufttheater (12) folgen. Biegen Sie dort rechts ab und gehen Sie am Straßenende links die Treppen hinauf. Dem Straßenverlauf folgen. Über diese Straße können Sie einmal um Vyšehrad (13) herumgehen. Falls Ihnen das zu weit ist, gehen Sie rechts den Hügel hinunter, durch das Tor (Schildern Richtung Gorlice folgen) und in die Gorlice Halle (14). Anschließend durch die Vratislova wieder hinunter. Gehen Sie an der Neklanova rechts und noch einmal rechts. Besichtigen Sie Hausnummer 30 (15). Dann über den Zebrastreifen, unter den Gleisen hindurch und links in die Na Slupi. Rechts liegt der Botanische Garten (16). Von hier aus geht's entweder geradeaus zum Emmauskloster (17) oder vom Botanischen Garten mit der Tram oder zu Fuß zum Friedensplatz (Náměstí Míru). Der Fußweg führt am Dvořák Museum (18) vorbei. Dafür gehen Sie rechts durch die Benátska, ein Stück weiter wieder rechts in die Ke Karlovu. Anschließend wieder zurückspazieren und rechts in die Katerinská abbiegen, bis zur Nám IP Pavlova. Geradeaus weiter und nochmal geradeaus durch die Jugoslávska. Kommen Sie hier bei einer Tasse Kaffee (19), frischem Obst (20) oder leckeren Bonbons (21) wieder zu Kräften. Dann weiter gehen bis zum Friedensplatz (22). Sie befinden sich jetzt in der Wohngegend Vinohrady (23). Spazieren Sie durch dieses Viertel um zu shoppen (24) (25) (26) oder eines der zahlreichen Restaurants zu besuchen (27) (28) (29) (30) (31) (32) (33).

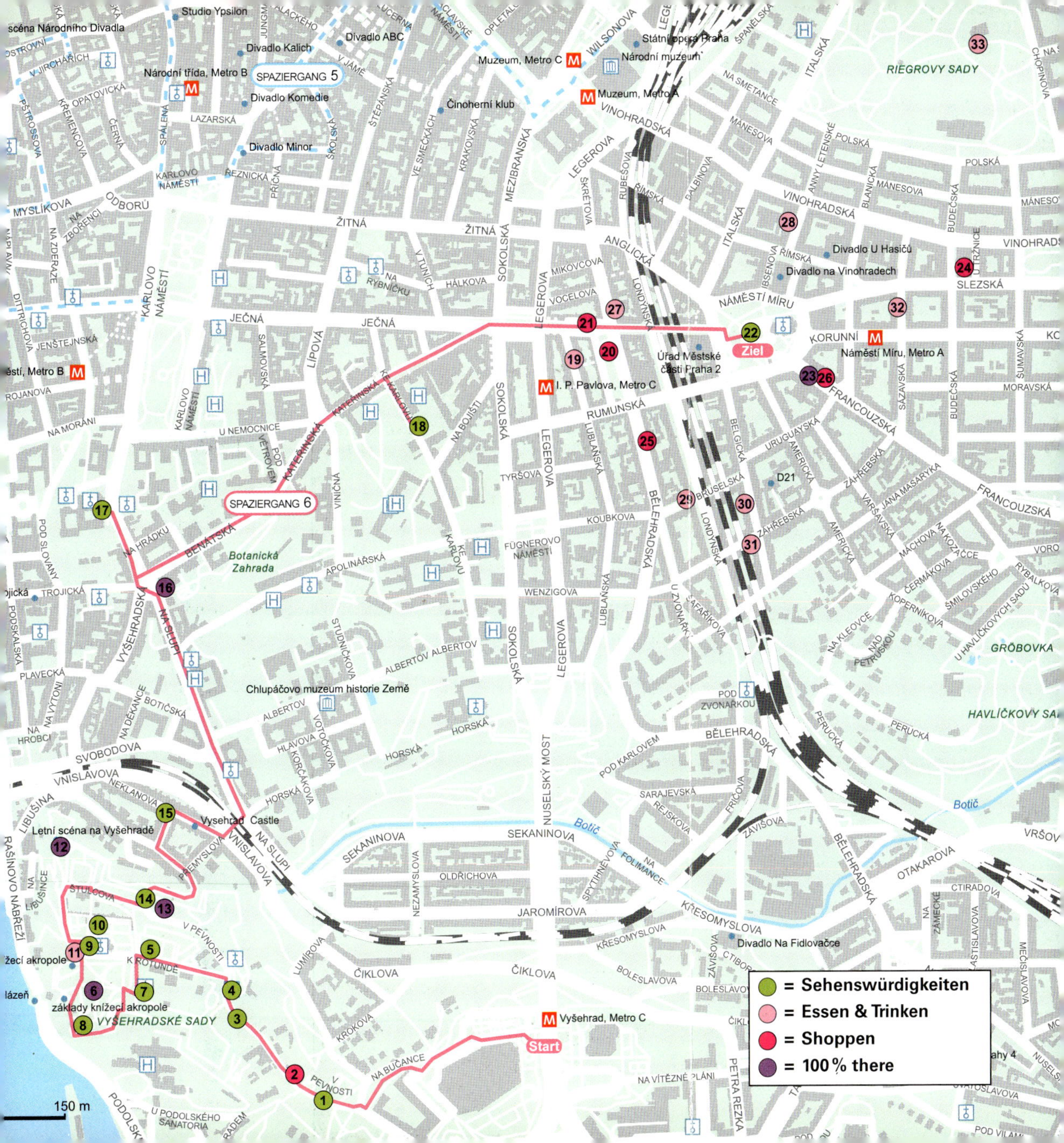

SPAZIERGANG 5
SPAZIERGANG 6
Studio Ypsilon
scéna Národního Divadla
Divadlo ABC
Divadlo Kalich
Národní třída, Metro B
Divadlo Komedie
Divadlo Minor
Činoherní klub
Muzeum, Metro C
Státní opera Praha
Národní muzeum
Muzeum, Metro A
RIEGROVY SADY
Divadlo U Hasičů
Divadlo na Vinohradech
NÁMĚSTÍ MÍRU
Úřad Městské části Praha 2
Ziel
Náměstí Míru, Metro A
I. P. Pavlova, Metro C
D21
Botanická Zahrada
Chlupáčovo muzeum historie Země
Vyšehrad Castle
Letní scéna na Vyšehradě
základy knížecí akropole
VYŠEHRADSKÉ SADY
Vyšehrad, Metro C
Start
Divadlo Na Fidlovačce
GRÖBOVKA
HAVLÍČKOVY SADY
Botič
NUSELSKÝ MOST
ŽITNÁ
JEČNÁ
VINOHRADSKÁ
KORUNNÍ
FRANCOUZSKÁ
RUMUNSKÁ
BĚLEHRADSKÁ
LEGEROVA
SOKOLSKÁ
KARLOVO NÁMĚSTÍ
VYŠEHRADSKÁ
NA SLUPI
SVOBODOVA
VNISLAVOVA
SEKANINOVA
JAROMÍROVA
ČIKLOVA
150 m
= Sehenswürdigkeiten
= Essen & Trinken
= Shoppen
= 100 % there

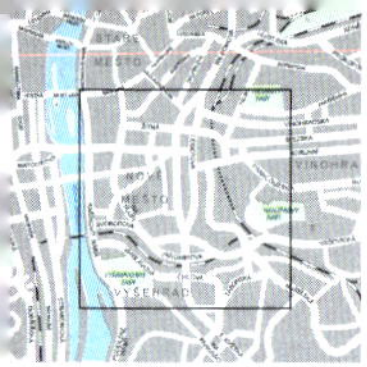

1. Tábor-Tor
2. Souvenirladen
3. Leopoldstor
4. St.-Martins-Rotunde
5. Teufelssäule
6. Gärten von Vyšehrad
7. St.-Laurentius-Basilika
8. Vyšehrad-Galerie
9. St.-Peter-und-Paul-Kirche
10. Vyšehrader Friedhof
11. Rio's Vyšehrad
12. Letni Scena
13. Der höchste Punkt von Vyšehrad
14. Ziegeltor/Kasematte/Gorlice-Halle
15. Kubistische Fassaden
16. Botanischer Garten
17. Emmauskloster
18. Dvořák-Museum
19. Kavárna Pražírna
20. Bauernmarkt
21. Choco Loves Coffee
22. Friedensplatz
23. Vinohrady
24. Pavilon
25. Vom Fass
26. Jane Bond
27. Radost FX
28. Sami Grill
29. Vinarná Vínečko
30. Kavárna & Galerie Roza K.
31. Hlučná Samota
32. Café Mezi Zrnky
33. Riegrovy Sady

Weitere Sehenswürdigkeiten

Wer der in 100% Prag beschriebenen Route folgt, entdeckt viele Schönheiten der Stadt. Doch auch Orte abseits der Spaziergänge sind natürlich einen Besuch wert. Diese sind nachfolgend beschrieben. Manche dieser Sehenswürdigkeiten sind vom Zentrum aus etwas schwierig zu Fuß erreichbar, mit dem öffentlichen Nahverkehr ist das aber kein Problem. Die dazugehörigen Buchstaben finden Sie auf der Übersichtskarte vorn im 100% Cityguide.

(K) Fast jede tschechische Stadt hat ihre eigene Bierbrauerei und Biermarke. In Prag ist das Staropramen. Der alte Teil der **Staropramen-Brauerei** ist zu einem Besucherzentrum umgebaut worden. Hier kann man eine interaktive Ausstellung über Brauerei und Brauverfahren besichtigten. Und natürlich auch Bier verkosten.
pivovarska 9, www.pivovary-staropramen.cz, telefon: 2 73132589, geöffnet: täglich 10.00-18.00, eintritt: 199 kč (inklusive einem bier), u-bahn: anděl, straßenbahn: 7,12,14,20 na knizeci

(L) Nicht weit entfernt vom Zentrum liegt der moderne **Prager Zoo** (Zoo Praha), in dem man einen wunderschönen Tag verbringen kann. Der Zoo ist mit dem Bus erreichbar, aber noch mehr Spaß macht es, mit dem Boot dorthin zu fahren. Im Sommer fährt ein Boot ab Rašinovo Nábřežíe (Nummer 2, Spaziergang 5) zum Zoo; die Fahrt dauert 75 Minuten.
u trojského zámku 3, www.zoopraha.cz, telefon: 2 96112124, geöffnet: täglich nov.-febr. 9.00-16.00, märz 9.00-17.00, apr.-mai & sept.-okt. 9.00-18.00, juni-aug. 9.00-19.00, eintritt: 200 kč, straßenbahn 14, 17 haltestelle troja und dann bus: 112 bis haltestelle zoologiská zahrada, oder mit dem boot: ab rašinovo nábřežíe, boot fährt täglich mai-sept. 9.00, 12.00 und 15.30, april nur am wochenende, fahrpreis bootstour 160 kč

(M) Im **Prager Stadtmuseum** (Muzeum Hlavního Města Prahy) kommen Geschichtsliebhaber auf ihre Kosten. Das Museum widmet sich ganz der Geschichte Prags: von der Vorgeschichte bis heute. Besonders interessant ist ein Modell der Stadt, das zeigt, wie Prag zwischen 1826 und 1834 aussah.
na poříčí 52, www.muzeumprahy.cz, telefon: 2 24816773, geöffnet: di-so 9.00-18.00, letzter mi im monat 9.00-20.00, eintritt: 120 kč, u-bahn: florenc

(N) Spazieren Sie abends einmal zum musikalischen **Křižíkova-Brunnen**. Hier gibt es eine Show mit Licht, Musik, Tanz und vielen Wasserfontänen. Die Lichtshow ist natürlich besonders beeindruckend, wenn es dunkel und warm ist. Besuchen Sie darum eine der Nachtshows in der Zeit von Mai bis Juli.
u výstaviště 1, www.krizikovafontana.cz, telefon: 7 23665694, geöffnet: märz-okt. stündlich 20.00-23.00, eintritt: 220 kč, straßenbahn 12, 17, 24 výstaviště

(O) Futuristisch oder richtig scheußlich? Der **Fernsehturm** (Televizní Vysílač) ist mit seinen 216 m Höhe auf jeden Fall der höchste Orientierungspunkt in Prag. Die Aussichtsplattform (mit Restaurant) erreichen Sie mit besonders schnellen Aufzügen. An klaren Tagen können Sie bis zu 100 km weit sehen!
mahlerovy sady 1, www.towerpark.cz, telefon: 2 10320081, geöffnet: täglich 8.00-0.00, eintritt: 150 kč, u-bahn: jiřího z poděbrad

(P) Im **Ausstellungspalast** (Veletržní palác), der 1929 erbaut wurde, hat seit 1995 das Zentrum für Moderne und Gegenwartskunst seinen Sitz. Die Sammlung zeigt unter anderem moderne tschechische Kunst, impressionistische und postimpressionistische Malerei und Werke von Munch, Klimt, Picasso und Miró. Die Kollektion ist so groß, dass Sie hier locker einen ganzen Tag verbringen können.
dukelských hrdinů 47, www.ngprague.cz, telefon: 2 24301111, geöffnet: di-so 10.00-18.00, eintritt: 180 kč, straßenbahn: 1, 12, 17, 24 veletržní

(Q) Die ständig wechselnden Ausstellungen im **DOX Centre for Contemporary Art** bieten eine Übersicht über moderne und experimentelle Kunst im gesellschaftlichen Kontext. Sie tragen Namen wie *Willkommen im Kapitalismus!, Die Zukunft der Zukunft, Zone in Bewegung, Pharmatopia* und *Normalität behindert.*
poupětova 1, www.doxprague.org, telefon: 2 95568123, geöffnet: sa-mo 10.00-18.00, mi & fr 11.00-19.00, do 11.00-21.00, eintritt: 180 kč, straßenbahn: 12, 14, 24 ortenovo náměstí

Ausgehen

Das Prager Nachtleben hat eine Menge zu bieten: Jazzclubs, trendige Cocktailbars oder riesige Discos mit mehreren Dancefloors. Im Wochenblatt *The Prague Post* finden Sie alle Informationen zu Konzerten oder neuen Locations. Es gibt auch deutschsprachige Onlinemagazine mit aktuellen Veranstaltungen: *www.prag-aktuell.cz/veranstaltungen*.

Tschechien ist für sein Bier *(pivo)* bekannt. Das deutsche Wort "Pils" kommt ursprünglich aus Tschechien, aus der Stadt Pilsen *(Plzeň)*, wo das erste Pils gebraut wurde. Mit 160 l Bier pro Kopf jährlich trinken die Tschechen weltweit das meiste Bier, und fast jede Stadt hat eine eigene Brauerei. In Prag gibt es aber auch viele Weinkeller. Wenn Sie etwas ganz anderes ausprobieren möchten, fragen Sie nach einem Glas Becherovska. Dieser Kräuterlikör kommt aus dem Kurort Karlovy Vary (Karlsbad) und soll sehr gesund sein.

Ⓡ Die kleine Brauerei **Pivovarský Dům** gibt es seit 1998. Von der Kneipe aus sieht man die Braukessel. Es gibt nicht nur das traditionelle Pils, sondern auch ausgefallene Biersorten wie Bananen-, Kaffee- und Chili-Bier.
lipová 15, www.pivovarskydum.com, telefon: 2 96216666, geöffnet: täglich 11.00-23.30, u-bahn: karlovo náměstí, straßenbahn: 4, 6, 10, 16, 22, 23 štěpánská

Ⓢ Das **U Malého Glena** ist ein beliebter Treffpunkt, wenn es um Musik geht. Oben gibt es ein Café, in dem man Frühstück, Mittagessen und echtes tschechisches Bier bekommt. Unten befindet sich der kleine, aber sehr gemütliche Jazzkeller. Hier treten jeden Abend lokale Jazz- und Bluesbands auf. Am Sonntag gibt es eine Jamsession. Am besten pünktlich kommen.
karmelitská 23, www.malyglen.cz, telefon: 2 57531717, geöffnet: täglich 10.00-2.00, musik ab 20.30, straßenbahn: 12, 20, 22 malostranské náměstí

PIVOVARSKÝ DŮM Ⓡ

Ⓣ Sie suchen eine gute Cocktailbar? Dann gehen Sie am besten in die **Tretter's Bar** und setzen sich in einer der gemütlichen Sitzecken oder direkt an die Bar. Und dannn heißt es: Cocktails probieren! Möchten Sie einen Hemingway Special, einen Dingo oder doch lieber einen sommerlichen Bahama Mama?

v kolkovně 3, www.tretters.cz, telefon: 2 24811165, geöffnet: mo-sa 19.00-3.00, so 19.00-2.00, u-bahn: staroměstska

(U) Den Club **Mecca** kennt jeder in Prag. Schon die ausgefallene Inneneinrichtung ist einen Besuch wert. Hier tanzen Sie zu Techno- und Drum-'n'-Bass-Musik Seite an Seite mit Fotomodels, Filmstars und anderen hippen Gästen.
u průhonu 3, www.mecca.cz, telefon: 7 34155300, geöffnet: fr-sa 22.00-6.00, u-bahn: nádraží holešovice

(V) Der **Palác Akropolis** ist ein beliebter Prager Treffpunkt, in dem sich ein kleiner Konzertsaal, ein Theater, ein Kino, ein Restaurant, ein Café und zwei Bars befinden. Auf der Webseite steht das komplette Programm: von internationalen Clubnächten bis zum Auftritt von lokalen Rockbands und Theateraufführungen. Unter anderem haben hier Youssou N´Dour, Therapy?, Marianne Faithfull, Heather Nova und The Strokes gespielt.
kubelíkova 27, www.palacakropolis.cz, telefon: 2 96330913, geöffnet: mo-fr 10.00-5.00, sa-so 16.00-5.00, straßenbahn: 5, 9, 26 lipanská

(W) Das fantasievolle Interieur des **Cross Clubs** ist eine Sehenswürdigkeit für sich. Im Labyrinth der Räume in Erdgeschoss und Keller tauchen Sie ein in eine Roboterwelt voller Zahnräder, Autoteile und beweglicher Kunstwerke aus Metall. Das Programm des Clubs ist genauso vielfältig wie die Einrichtung und variiert von Dubstep bis Hardcore. Das aktuelle Programm finden Sie auf der Webseite.
plynární 23, www.crossclub.cz, geöffnet: täglich 18.00-spät (mindestens bis 4.00, fr-sa bis 6.00), eintritt: variiert von frei bis 100 kč, u-bahn: nádraží holešovice

(X) Das ehemalige Schlachthaus **SaSazu** ist heute der angesagteste Club von Prag. Hier tanzt man die ganze Nacht durch zu Musik von internationalen DJs. Den Abend können Sie stilvoll mit einem Essen sowie einem Cocktail im Asia-Restaurant von SaSazu starten.
bubenské nábřeží 306, www.sasazu.com, telefon: 2 84097455, geöffnet: restaurant fr-sa 12.00-1.00, so-do 12.00-0.00, club wechselnd, restaurant 500 kč, eintritt: club wechselnd, u-bahn: vltavská

PALÁC AKROPOLIS Ⓥ

Ⓨ Ganze 40 m hoch oben auf dem Dach des Hilton Hotels liegt die Cocktailbar **Cloud 9 Sky Bar & Lounge**. Durch die großen Fenster haben Sie einen fantastischen Blick über die Stadt. Gibt es eine bessere Art, sich von Prag zu verabschieden, als mit einem Cocktail in der Hand und dem Sonnenuntergang vor Augen?

pobřežní 1, www.cloud9.cz, telefon: 2 24842999, geöffnet: mo-sa 18.00-2.00, preis: cocktails ab 145 kč, u-bahn: florenc

Alphabetischer Index

Thematischer Index

hotels

sehenswürdigkeiten

shoppen

Impressum

Dieser 100% Cityguide wurde mit größter Sorgfalt zusammengestellt. Die mo media GmbH ist nicht verantwortlich für eventuelle inhaltliche Fehler. Anmerkungen und/oder Kommentare können an **mo media gmbh, steinstraße 15, 10119 berlin** oder **info@momedia.com** gerichtet werden.

autoren
mathilde verbaas (aktualisierungen), lieke meertens

fotografie
duncan de fey, vincent de vries, karijn kakebeeke

übersetzung
martina fischer (aktualisierung), textcase

lektorat
annekatrin heuer (aktualisierung), ulrike grafberger

schlussredaktion
annette steger, nina lenze, mo media

konzeptgestaltung
studio 100%

gestaltung
mastercolors mediafactory

kartografie
van oort redactie en kartografie

100% prag
isbn 978-3-943502-79-4

aktualisierte neuausgabe, september 2014

100% CITYGUIDES

100% TRAVELGUIDES

Ausführliche Informationen zum 100% Programm finden Sie auch auf unserer Homepage unter **www.100travel.de**

Meine 100% Geheimtipps
(Notizen und Ideen)

Folge uns auf [Facebook] [Twitter] [Pinterest] und teile Deine eigenen 100% Tipps!

Mehr zu 100% unter: **www.100travel.de**